Pierre Franckh
Einfach erfolgreich sein

arkana

Pierre Franckh

Einfach erfolgreich sein

Lebe deinen Traum

arkana

Verlagsgruppe Random House FSC-DEU-0100
Das FSC®-zertifizierte Papier *EOS* für dieses Buch
liefert Salzer Papier, St. Pölten, Austria.

1. Auflage
Originalausgabe
© 2011 Arkana, München,
in der Verlagsgruppe Random House GmbH
Lektorat: Daniela Weise
Satz: Buch-Werkstatt, Bad Aibling
Umschlaggestaltung: Uno Werbeagentur, München
Umschlagmotiv: FinePic®, München
Druck und Bindung: Friedrich Pustet KG, Regensburg
Printed in Germany
978-3-442-33890-0

www.arkana-verlag.de

Inhalt

Du bist wie deine tiefen, drängenden Wünsche.
Wie deine Wünsche, so ist dein Wille.
Wie dein Wille, so ist deine Tat,
und wie deine Tat, so ist dein Schicksal.

Brihadaranyaka-Upanischad

Für dich

Erfolgreich bin ich schon immer gewesen. Ebenso einsam Obwohl mich der Erfolg schon mein ganzes Leben begleitet hat, war ich dennoch lange Zeit nicht wirklich glücklich, nicht wirklich beseelt. Meine Erfolge waren stets sehr einseitig. Immer tat sich ein Mangel auf einer anderen Seite auf, und das Gefühl von Glück stellte sich so gut wie nie ein.

Bis ich anfing, einmal genauer nachzusehen, warum es mir nicht gelingen wollte, Erfolg und Glück miteinander zu verbinden. Die Antworten, die ich für mich fand, haben nicht nur mich, sondern auch mein Leben verändert.

Alle Übungen in diesem Buch haben mich selbst auf den Weg zum Erfolg gebracht. Alles, was ich beschreibe, sind meine ganz persönlichen Erfahrungen. Sie haben mir geholfen, zu dem Menschen zu werden, der ich heute bin.

Ich hatte nie vor, sie einer breiteren Öffentlichkeit zukommen zu lassen. Ich habe das alles damals einfach nur für mich getan. Ich wollte aus der Schleife der Unzufriedenheit aussteigen.

Das habe ich gemacht. Wahrlich. Aber gleichzeitig hat sich damit auch mein Lebensweg neu gestaltet. Ich hatte mich verändert. So vollständig, dass es nicht nur meiner Umgebung auffiel, sondern auch anderen Menschen, die nun glaubten, ich könne ihnen in ihrem Leben weiterhelfen.

Waren es anfangs nur Gespräche, weitete sich das Bedürfnis nach Antworten zunehmend aus. Und so halte ich nun
seit vielen Jahren Vorträge und gebe als Mentaltrainer Seminare. Dabei wurde ich immer wieder gefragt, welche Möglichkeiten es denn gibt, sein Leben erfolgreicher zu gestalten.
Und so begann ich mit vielen Menschen den gleichen Weg
zu gehen, den auch ich gegangen bin. Das Beeindruckende
dabei ist und war, dass es nicht nur mir gelingt, erfolgreich zu
sein, sondern jedem, der es sich ernstlich vornimmt. Seit vielen Jahren arbeite ich nun mit Menschen aller Altersgrup-
pen und unterschiedlichster sozialen Schichten. Immer wieder wird eines deutlich: Jeder von uns kann erfolgreich sein.

Wir müssen dazu die Kraft unseres Bewusstseins nutzen.
Das ist wesentlich. Dann können wir alte, störende Muster
aufspüren, sie transformieren und unsere mentale Kraft auf
unsere Ziele richten. Es geht also darum, alle Hindernisse,
die uns nicht erfolgreich sein lassen, aus dem Weg zu räumen
und dafür neue, nützliche Techniken anzuwenden, die unseren Glauben an uns selbst sowie unsere negativen Überzeugungen ins Positive wandeln.

Bücher über das Erreichen von Erfolg gibt es wahrlich
viele, aber die meisten von ihnen versuchen, dem Erfolg von
außen nahe zu kommen.

Wahrer Erfolg entsteht aber immer nur von innen.
Und zeigt sich dann im Außen.

Auf welche Weise uns unsere innere Einstellung, unsere
Überzeugungen und unser Glauben helfen können, erfolgreich zu sein, zeigt dir dieses Buch.

Seit vielen Jahren arbeite ich mit Menschen auf diese Weise, und seit vielen Jahren wandeln sich die Geschicke dieser Menschen zum Positiven. Obwohl viele es nicht mehr für möglich gehalten haben, werden sie das, was sie sich ein ganzes Leben lang gewünscht haben: erfolgreich.

Wenn wir alte Konditionierungen auflösen und uns mental auf unsere Ziele einstellen, ist mehr möglich, als wir jetzt ahnen. Die Übungen und Techniken in diesem Buch haben für dich aber nur dann einen Sinn, wenn du sie auch für dich anwendest.

Ich werde dir auch immer wieder Fragen stellen, deren Antworten nur du kennst, denn nur du weißt, was das Beste für dich ist. Es sind die gleichen Fragen, die man auch mir gestellt hat. Vor vielen Jahren. Fragen, die mich geführt und geleitet haben.

Wenn du nicht immer sofort eine Antwort findest, mach dir nicht allzu viele Gedanken. Auch ich hatte anfangs keine Antworten. Aber die Antworten werden kommen. Und sie werden dir viele Dinge plötzlich sehr klar machen. Sie werden dich motivieren. Vor allem aber werden sie dich erfolgreich sein lassen.

Am Ende dieses Buches wirst du ein anderer Mensch sein. Vielleicht sogar schon ein erfolgreicher. All das, was du hier lesen wirst, ist nicht der allein gültige Weg zum Erfolg. Es ist einfach nur mein Weg. Und wenn du möchtest, kann es auch dein Weg werden.

In Liebe
dein Pierre

Warum willst du erfolgreich sein?

Jede Frage birgt die Antwort
schon in sich selbst.

Vielleicht sollten wir einfach einmal mit der Frage beginnen, die auch mich geweckt hat: Warum willst du erfolgreich sein?

Diese Frage wurde mir vor langer Zeit von einem hawaiianischen Heiler gestellt: »Was versprichst du dir von deinem Erfolg?« Diese Frage hatte mich wirklich überrascht. Zunächst hatte ich die Frage gar nicht verstanden. Die Antwort lag doch so nahe: Alles! Meine Güte, das ist doch klar! Alles verspreche ich mir vom Erfolg. Alles!! Nur der Erfolg zählt. Wie die Popgruppe ABBA schon gesungen hat: »The winner takes it all, the loser standing small«.

Aber der Mann fuhr unbeirrt fort: »Dann zähl mal auf«, sagte er und sah mich auffordernd an.

Und nun war ich wirklich sprachlos. Alles, was Erfolg mit sich brachte, schien so banal und gleichzeitig so wesentlich für ein glückliches Leben: Geld, Sicherheit, Anerkennung, Luxus, Bewunderung. »Und natürlich Frauen, ja, klar, auch das«, sagte ich.

»Na klar«, erwiderte er, »Frauen lieben erfolgreiche Männer, aber ...« Er machte eine lange Pause und sah mich mit einem schelmischen Grinsen an: »… ganz ehrlich, du hast doch schon alles, warum hörst du dann jetzt nicht einfach auf?«

Nun war ich wirklich sprachlos. Warum sollte ich – mit gerade Mitte dreißig – aufhören?

»Wenn du wirklich alles hast, gibt es doch keinen Grund weiterzumachen?!«

So seltsam ich die Frage anfangs fand, so sehr brachte sie mich jetzt ins Stocken. Wenn Erfolg wirklich nur all das eben Gesagte für mich bedeutete, warum setzte ich mich dann nicht tatsächlich einfach zur Ruhe?

Erfolg scheint also noch wesentlich mehr zu bedeuten. Er ist der eigentliche Motor unseres Lebens. Aber warum?

Warum verkümmern wir, wenn wir nicht mehr arbeiten dürfen? Warum brauchen wir eine Aufgabe?

Und warum hat diese Aufgabe so oft nur dann einen Sinn, wenn andere sie ebenso bemerken und anerkennen?

Also: Worum geht es uns beim Streben nach Erfolg wirklich?

Ich hatte dafür lange keine wirklich gültige Antwort. Aber das, was der Heiler gesagt hatte, arbeitete in mir. Es hatte etwas in mir aufgewühlt. So banal die Frage schien, griff sie doch wesentlich in mein Leben ein.

Noch heute sehe ich das lächelnde Gesicht des alten Mannes vor mir. Er wusste, dass mich die Antwort verändern würde. »Denk darüber nach.« Mit diesen Worten entließ er mich aus seinem Blick in die hawaiianische Sonne. Er lächelte noch immer. Sogar seine Augen lächelten, weil er wusste, dass ich mich auf den Weg machen würde.

Warum willst du erfolgreich sein?

Wenn wir diese Frage für uns beantworten können, wird sich unser Leben vollständig ändern. Meines hat sich geändert. Denn allein dadurch, dass ich mich mit dem Thema beschäftigte, veränderte sich meine Sichtweise. Und damit alles. Diese Frage brachte mich mir wieder näher. Bis mir eines Morgens klar wurde, was Erfolg für mich ist. Und schon immer war. Ich hatte es nur vergessen.

Die Antwort, die ich für mich fand, hat mich dorthin geführt, wo ich immer sein wollte: zu dem Sinn meines Lebens und zu tief erfüllendem Glück. Denn eines ist gewiss. Erfolg ist für uns essenziell. Mehr als wir vielleicht ahnen. Ohne Erfolg haben wir keine Freude im Leben.

Die Frage »Warum willst du erfolgreich sein?« wird uns begleiten. Und die Antwort wird dich überraschen. Sie wird vielleicht auch ganz anders ausfallen, als du jetzt vermutest.

Jeder von uns hat eine ganz eigene, persönliche Antwort für sich. Wenn du diese für dich findest, beginnt dein Leben eine tiefe Sinnhaftigkeit zu bekommen.

- Beschäftige dich ein bisschen mit dieser Frage.
- Und notiere dir deine Antworten.
- Halte sie eher kurz und knapp.
- Und spüre hinein, ob sie sich richtig anfühlen.

Wenn ich dir Fragen stelle, werde ich dir übrigens keine Antworten anbieten. Denn Antworten legen unseren Geist wieder schlafen. Ungelöste Fragen aber beschäftigen unseren Verstand. Und genau den wollen wir in eine neue, *erfolgreiche* Richtung aktivieren.

Denn ungelöste Fragen helfen, sich selbst kennenzulernen.

Erfolg ist …
deine ganz persönlichen
Antworten zu finden.

1

Erfolg ist ...
sich kennenzulernen

In diesem Buch
wird dir höchstwahrscheinlich der wichtigste Mensch
in deinem Leben begegnen.
Wenn du diesen Menschen auf deine Seite bringst,
wenn du es schaffst,
dass er dich fördert und unterstützt,
kannst du alles auf dieser Welt erreichen,
was dir wirklich von ganzem Herzen wichtig ist.

Du wirst diesen Menschen in diesem Buch finden.
Und er wird dir bedingungslos dabei helfen,
deine Ziele zu verfolgen.

Dieser Mensch bist du.

Eine kleine Geschichte vom Erfolg

Das einzig Wichtige im Leben
sind die Spuren der Liebe,
die wir hinterlassen, wenn wir gehen.
ALBERT SCHWEITZER

Vor vielen, vielen Jahren, während meiner Zivildienstzeit, verbrachte ich als Sanitäter für die Johanniter-Unfall-Hilfe Tage und Nächte im Krankenwagen. Tagsüber war unsere Hauptbeschäftigung, alte, gebrechliche Menschen zu Arztbesuchen und wieder zurück in ihr bescheidenes Zuhause zu fahren.

Als junger Mensch, der sich nicht vorstellen konnte, was Alter überhaupt sein sollte, lernte ich bedürftige, ängstliche Menschen kennen, die nun, am Abend ihres Lebens, auf die Hilfe anderer angewiesen waren. Ohne dass ich mir wirklich darüber Gedanken gemacht hätte, vermutete ich bei den meisten alten Menschen ein Leben in Armut und ging davon aus, dass sie schon immer am Rande unserer Gesellschaft gestanden hatten. Das Leben war einfach an ihnen vorbeigezogen. Es hatte sie nicht beachtet, und genauso wenig hatten es diese Menschen geschafft, etwas aus ihrem Leben zu machen.

Mit der Überheblichkeit der Jugend und meinem Erfolg als Schauspieler im Rücken lag das ganze Leben noch vor mir, und es war für mich undenkbar, dass ich jemals so enden würde. Dafür war ich doch viel zu erfolgreich.

Trotz des gewaltigen Altersunterschieds mochte ich aber den Kontakt mit diesen Menschen und die Tätigkeit, die ich ausüben durfte. Ich mochte sie, die sympathischen Augen und die weichen Hände, die darum baten, beim Gehen an die Hand genommen zu werden. Ich mochte auch ihre Langsamkeit in einer beschleunigten Welt.

Ich selbst war beruflich auf dem Höhepunkt meiner Karriere, drehte einen Film nach dem anderen und wurde auch von den älteren Menschen, die mich erkannten, öfters darauf angesprochen. Ihr Leben bestand ja nur noch darin, vor dem Fernseher zu sitzen, und so erzählte ich ihnen manches Mal von der Welt der Stars und den Blitzlichtgewittern.

Mit der Zeit kannte ich bereits viele von diesen alten Menschen. Sie hatten ihre routinemäßigen Arztbesuche, und ich fuhr sie regelmäßig dorthin und wieder zurück. Viele von ihnen habe ich längst vergessen, und niemand von ihnen dürfte heute, nach vierzig Jahren, noch am Leben sein. Aber ein Mann ist mir noch immer im Gedächtnis geblieben. Denn er zeigte mir etwas, was mir sehr zu denken gegeben hatte.

Fast jede Woche fuhr ich ihn zum Arzt. Immer am Dienstag um 10 Uhr. Seit fast drei Monaten sahen wir uns. Wir mochten uns irgendwie, aber außer »Guten Morgen«, »Wie geht es Ihnen?«, »Auf Wiedersehen« hatten wir nie viele Worte miteinander gewechselt.

Eines Tages, nach dem üblichen »Guten Morgen« und dem Schweigen während der Fahrt, sagte er plötzlich zu mir: »Es bleibt nicht so.«

Erstaunt sah ich ihn an. Ich verstand nicht, was er meinte. »Der Erfolg«, fuhr er fort und lächelte. »Der Erfolg vergeht. Das Einzige, was bleibt, ist die Liebe, die man investiert. Dann hat man sich später nichts vorzuwerfen.«

Er lächelte weise, und ich dachte nicht weiter darüber nach. Schließlich war ich mit mir selber viel zu sehr beschäftigt.

Beim Abschied rief ich ihm mein übliches »Einen schönen Tag noch« hinterher und hakte seine Bemerkung als skurriles Gerede eines alten Mannes ab.

Aber eine Woche später holte ich ihn erneut von seinem Arztbesuch ab. Ich knöpfte seine Jacke zu, die er falsch geschlossen hatte, und nannte den kleinen, hilflosen Mann »Paps«. Ich hatte es nett gemeint, aber er erkannte nur zu gut meine jugendliche Überheblichkeit.

Er lachte mit seiner schwachen, hellen Stimme, ergriff meine Hände und sah mich an. »Dann weißt du ja, wohin die Reise geht. Das hier ist auch deine Zukunft.«

An meiner Reaktion konnte er sehen, für wie absurd ich diese Bemerkung hielt. »Du kleiner, liebenswerter, arroganter Kerl«, sagte er schmunzelnd. Es war ein liebes, verständnisvolles Lächeln. Er erinnerte sich an das Privileg der Jugend.

Er sah mich eindringlich an, und dann erfuhr ich, dass er im Leben überhaupt nicht so hilflos gewesen war, wie es nun den Anschein hatte. Er hatte eine Firma mit siebzig Angestellten gehabt und eine Familie mit zwei Kindern.

Ich war erstaunt. Nie hatte ich einen erfolgreichen Mann hinter diesem alten, gebrechlichen Gesicht vermutet. Er lachte, denn mein Erstaunen war mir deutlich anzusehen.

»Ja«, sagte er, mit einem weichen wehmütigen Lächeln, »ich war nicht nur erfolgreich, ich hatte auch eine Familie. Aber ich hatte einfach zu wenig Zeit für sie, weil die Firma jede Sekunde meines Lebens fraß. Nun ja, wie das Leben so läuft, meine Frau lernte jemand anderen kennen und nahm die Kinder mit.«

Ich half ihm in den Wagen und schnallte ihn an, weil seine schwachen Hände nicht mehr die Kraft dafür besaßen, und erfuhr, dass ihm nach der Scheidung nur die Firma geblieben war und einige Affären, an die er sich noch gut erinnerte. Aber die Zeiten änderten sich, die Erfolge der Firma ließen nach. Auch sein Erspartes. Nein, mittellos war er nicht, aber alt. Zu alt, um alleine zu leben. Er konnte sich das Altersheim leisten, das war für ihn in Ordnung. Aber dass seine Kinder ihn nicht besuchten, damit kam er weniger klar.

»Was bleibt einem denn schon?«, sagte er, und seine Augen waren voller Trauer. »Worauf soll ich denn stolz sein? Wofür hat es sich denn gelohnt zu leben? Dass ich eine Firma hatte und beruflichen Erfolg? Nun, die Kinder besuchen jetzt wohl ihren neuen Papa, der wahrscheinlich wesentlich mehr Zeit für sie hatte.«

Eine Weile sagte keiner von uns etwas. Der Krankenwagen stand noch immer vor dem Arztgebäude, und wir saßen beide stumm auf dem Rücksitz.

»Ich war also sehr erfolgreich«, fuhr er leise fort, als er bemerkte, wie nachdenklich er mich gemacht hatte. »Aber heute bin ich mir nicht mehr so sicher. Ich habe die Frau geheiratet, die ich liebte, die ich noch heute liebe, aber ich bin nicht mehr mit ihr zusammen. Sie hat jetzt Krebs, habe ich gehört. Ich spiele keine Rolle mehr in ihrem verbleibenden Leben, ein anderer sitzt an ihrem Bett und verbringt die letzten Stunden mit ihr. Und weißt du«, lachte er, und seine Augen strahlten, »ich war so glücklich, als ich Vater wurde. Als sie es mir damals gesagt hat, war ich so glücklich. Wir haben Champagner gekauft, den ich alleine getrunken habe, weil eine werdende Mutter ja nicht trinken darf. Und ihr Gesicht, das hättest du sehen sollen, es war so schön.«

Er schwieg eine Weile, lächelnd, in Erinnerungen versunken. Dann wurde sein Gesicht wieder ernster. »Aber ich hatte keine Zeit für meine Kinder. Ich hatte ja meine Firma. Wir stellten Lacke her. Sehr erfolgreich. Aber, nun ja ... Bin ich wirklich so erfolgreich gewesen? Damals hätte ich diese Frage mit einem eindeutigen Ja beantwortet, heute würde ich zögern.«

Der alte Mann, von dem ich nicht einmal mehr den Namen weiß, stützte sich auf seine dünnen Ärmchen und fragte mich traurig lächelnd, ob er mir ein Geheimnis verraten solle.

»Was denn für ein Geheimnis?«

Er nahm meine Hand und zog mich an sich. »Wahrer Erfolg findet nur im Herzen statt.«

An diesem Nachmittag bestand er darauf, dass ich ihn zum Aufzug des Altersheimes bringe. Und dann noch in sein Zimmer. Dort nahm er aus einer kleinen Kunstledertasche umständlich eine Fernsehzeitschrift heraus. Auf einer Doppelseite war ein Bericht über mich mit einem großen Foto. »Auf dieses Foto«, sagte er, »bist du wahrscheinlich sehr stolz. Aber nächste Woche wird mit diesem Foto der Fisch eingepackt und jemand anders hat auf dieser Seite deinen Platz eingenommen.«

Er sah mich milde lächelnd an und setzte sich auf sein frisch bezogenes Bett. »Dieses Foto hat nur dann einen Wert, wenn es jemand in seinem Herzen trägt. Wenn es eingerahmt auf einem Schreibtisch steht, weil es jemanden gibt, der dich liebt.«

Wir aßen ein paar alte Kekse und tranken einen extrem dünnen Kaffee, den die Schwestern uns vorbeigebracht hatten, glücklich darüber, dass der alte Mann endlich einmal Besuch hatte.

Ich sah ein Foto auf einer kleinen Kommode. Es zeigte eine strahlend hübsche Frau im besten Alter. Ein Mann stand neben ihr und hatte den Arm um sie gelegt. Sein Gesicht war jung und voller Stolz, und ich erkannte darin die Züge des alten Mannes. Die Frau hatte ein Baby auf dem Arm, vor dem Mann stand ein kleiner Junge, an dessen Lachen man erkennen konnte, dass er noch keine Zähne besaß.

Der alte Mann nickte wehmütig. »Erfolg bleibt nicht«, sagte er leise. »Bleiben tust nur du. Erfolge verändern sich mit dir. Heute ist es ein Erfolg, wenn ich morgens meine Schuhe selber zubinde oder wenn ich den Namen einer Schwester im Gedächtnis behalte und ihn parat habe, wenn ich sie sehe. Aber auch das wird sich ändern. Wahrer Erfolg bleibt nur hier.« Dabei tippte er sich auf sein Herz.

»Meines ist gebrochen. Obwohl ich so erfolgreich war. Aber vielleicht war ich ja gar nicht so erfolgreich. Vielleicht ist dein Foto hier in der Zeitung auch gar nicht so erfolgreich. Auch wenn du das jetzt glaubst.«

Dann stand er von seinem Bett auf und ließ sich von mir in den Gemeinschaftsraum führen. Viele alte Menschen saßen an Tischen oder in tiefen Ledersesseln. Sie lasen, spielten Karten oder beschäftigten sich mit Brettspielen.

Wir setzten uns an einen alten Tisch am Fenster, und er deutete in den Raum.

»Hier gibt es viele einsame, vergessene Menschen. Nur wenige haben öfters oder gar ständig Besuch. So manche Herzen sind verletzt und schwer. Das Einzige, was uns heute gewiss ist: Nur wer in die Liebe investiert hat, ist wirklich erfolgreich.«

Ein Mann im Rollstuhl fuhr an uns vorbei und sah mich an.

»Das ist Hans«, sagte er leise. »Er hatte ein Kanzlei. Strafrecht. Dreißig Jahre lang. Er war richtig gut. Und dann hatte er einen Schlaganfall. Besuchen tut ihn heute niemand. Aber ich wollte dir jemand anderen zeigen.«

Dann deutete er mit seinen knöchrigen Fingern auf eine alte Dame in einem der Ledersessel. Sie war im Gespräch mit einem jungen Mann.

»Regina«, sagte er und nickte. »Sie hatte im Leben überhaupt keinen Erfolg. Keine Firma, kein Studium, nicht einmal eine abgeschlossene Lehre. Und dennoch hat sie jeden Tag Besuch. Na ja, sie hat eben in die Liebe investiert. Wir alle beneiden sie darum. Menschen erinnern sich an sie. Man holt sie ab. An Wochenenden, an Feiertagen, an Weihnachten. Im Sommer verbringt sie die Zeit bei ihren Enkeln.

Mich besucht nicht ein einziger Angestellter. Nicht meine Kinder und nicht meine Frau, die im Sterben liegt. Ich werde sie wohl nie wieder sehen.«

Die alte Frau bemerkte, dass wir sie betrachteten, und winkte uns liebevoll zu.

»Versuche in jedem alten Menschen den sechzehnjährigen Jungen oder das sechzehnjährige Mädchen zu sehen. Du wirst dich wundern. Oder noch besser: Versuche einmal, dich selbst in jedem alten Menschen zu sehen. Dann wirst du schnell erkennen, was dich wahrhaftig erfolgreich macht.«

Er setzte sich in einen Stuhl am Fenster. Er wirkte müde, und ich ließ ihn alleine.

Unten auf dem Kiesweg sah ich noch einmal sein Gesicht und seine Hand, die mir zum Abschied zuwinkte.

Dieser Moment ist mir wohl deswegen so tief in Erinnerung geblieben, weil es keinen weiteren Dienstag mehr gab, da ich ihn abholen durfte. Er starb an einem Freitag. Alleine. Ohne seine Frau. Ohne seine Kinder. Nicht einmal ich konnte ihn mehr besuchen. Sein Zimmer war bereits leer geräumt, das Foto auf der Kommode verschwunden, ebenso die Fernsehzeitschrift mit meinem Bild und dem Bericht über mich.

Am Kiosk gab es schon die nächste Ausgabe des Wochenblattes.

Nichts ist so vergänglich wie der Erfolg. Denn der wahre Erfolg findet nur im Herzen statt.

Mein Herz hatte er berührt. Aber ich kam nicht mehr dazu, es ihm zu sagen.

Erfolg ist …
in die Liebe zu investieren.

Immer wenn ich an dieses Erlebnis zurückdenke,
erinnere ich mich an Walter Benjamin,
der einmal gesagt hat,
dass man einer Geschichte
erst dann Bedeutung zumessen könne,
wenn man das Ende von ihr gelesen habe.
Dass man sogar erst dann, mit diesem Wissen,
den Anfang richtig lesen und verstehen könne,
wenn man die letzte Seite erreicht habe.

Dann wissen wir also vielleicht jetzt noch gar nicht,
was Erfolg eigentlich ist.

Vor allem,
was Erfolg für dich ist.

Erfolg ist das, was du für Erfolg hältst

Der wichtigste Schritt zum Erfolg ist,
sich überhaupt dafür zu interessieren.

WILLIAM OSLER

Es gibt einige Begriffe in unserem Leben, die für jeden Menschen etwas ganz Individuelles bedeuten und sich somit völlig voneinander unterscheiden können. »Glück« ist so ein Begriff. Ebenso »Liebe«, »Freiheit« oder »Wahrheit«. Meist geht es um sehr grundlegende Dinge. Wenn wir solche Worte sagen oder hören, tauchen damit sehr oft Emotionen und Bilder auf, ohne dass wir eine genaue Vorstellung von diesen Dingen hätten. Dennoch spüren wir eine Sehnsucht. Wir sehnen uns nach Glück und nach der wahren Liebe, wir wünschen uns genügend Freiheit, können aber oftmals gar nicht so genau benennen, wie all das in unserem Leben konkret aussehen soll. Vor allem aber verbinden wir mit denselben Begriffen vollständig andere Dinge als viele unserer Freunde und Bekannten.

Erfolg ist ebenfalls so ein Begriff. Für jeden von uns beinhaltet Erfolg etwas völlig anderes. Manche verbinden mit Erfolg Macht, Anerkennung und Bewunderung. Andere sehen darin Wohlstand und Besitz, Geld und Reichtum.

Für viele wird Erfolg überhaupt erst durch Geld und Statussymbole sichtbar. Durch den Porsche zum Beispiel, die prunkvolle Villa, das tolle Boot, Markenklamotten oder eine teure Uhr. Nicht selten auch durch eine junge hübsche Frau oder einen exklusiven Urlaub.

Für andere dagegen ist Erfolg, wenn sie zum Jetset und dem Medienrummel dazugehören. Wenn sie zu Talkshows eingeladen werden, zu glamourösen Premieren, Events und Partys und wenn sie in den Zeitschriften auftauchen. Für so manchen zeigt sich der Erfolg durch Preise und Auszeichnungen für das eigene Werk.

Für viele scheint Erfolg nur dann wertvoll zu sein, wenn sie sich von anderen abheben können. Wenn sie dadurch größer, besser, reicher oder wichtiger werden als ihre Umgebung.

> *Für so manchen ist Erfolg nur dann einer,*
> *wenn man ihn darum beneidet.*

Wichtig ist für viele also hauptsächlich, wie andere Leute ihren Erfolg bewerten. Erfolg hat wohl ganz viel mit dem Vergleich mit unseren Mitmenschen zu tun.

Aber ist das wirklich der Erfolg, nach dem wir streben? Ist das wirklich der Erfolg, der uns auf Dauer glücklich macht?

Wenn das die Wahrheit wäre, würden wir uns ein Leben lang im Wettstreit mit anderen befinden. Jeder würde versuchen, den anderen zu übertrumpfen, um das Gefühl von Wichtigkeit zu erlangen. Und tatsächlich, so mancher, der so ein Wettbewerbsziel gemeistert hat, erhält dadurch auch kurzfristige Befriedigung. Aber eben nur kurzfristig. Denn leider währt diese Form von Erfolg nicht lange.

> *Erfolg ist flüchtig.*

Nichts gerät so schnell in Vergessenheit wie der Erfolg von gestern. All die Leistungen von gestern zählen heute nicht mehr. Der alternde Sportler, der noch immer seine Preise von früher zeigt, wirkt nur traurig. Die Fußballmannschaft, die letzte Woche noch Triumphe feierte, wird heute ausgepfiffen. Musiker, Schauspieler, Oscar-Preisträger werden von der nächsten Generation gar nicht mehr wahrgenommen, denn jede Generation hat ihre eigenen, neuen Idole und Helden.

Warum ist Erfolg für uns dann so wichtig, wenn er doch so schnell vergeht? Was ist die eigentliche Triebfeder? Was verbirgt sich in Wahrheit hinter der Sehnsucht nach Erfolg?

Für viele muss Erfolg gar nichts Großes sein. Im Gegenteil. Selbst die größten Erfolge helfen uns nicht, wenn sich nicht alle anderen Bereiche in unserem Leben ebenfalls im Gleichgewicht befinden. Dann spüren wir trotz der *großen* Erfolge plötzlich einen ebenso *großen* Mangel in unserem Leben. Mangel ist unangenehm. Mangel lässt uns leiden. Man kann auch mitten im Blitzlichtgewitter einsam sein oder in der Nobelvilla, dem Luxusschlitten oder mit der blonden, viel zu jungen Frau an der Seite. Einsam mitten in all der Bewunderung, den ausschweifenden Partys, den viel zu vielen »Freunden« und trotz der gefüllten Bankkonten, der beruflichen Aufträge, um die einen jeder beneidet.

Und spätestens dann, wenn ein Bereich in unserem Leben in die Schieflage gerät, die Gesundheit zum Beispiel, die Familie, die Sicherheit, rücken vollkommen andere Ziele in den Vordergrund. Wir haben sie einfach nur in Vergessenheit geraten lassen oder sie für selbstverständlich hingenommen.

*Die scheinbar großen Erfolge werden dann plötzlich ganz
klein. Und die scheinbar kleinen Erfolge ganz groß.*

Manchmal kann es im Leben schon ein *großer* Erfolg sein,
wieder ohne fremde Hilfe gehen zu können.

Oder das Lächeln seiner Tochter zu empfangen.

Oder der liebevolle Mensch, der nach all den Jahren unseres schnelllebigen Erfolges noch immer an unserer Seite
steht.

Manchmal ist es nur ein Anruf: »Ich komme zurück.«

Oder drei Worte: »Ich liebe dich.«

Oder nur eines. »Ja.«

In den vielen Mails, die ich täglich erhalte, wird der Facet-
tenreichtum von Erfolg ziemlich deutlich.

So möchte der achtjährige Hans einfach nur die Klasse
bestehen. Das wäre ein großer Erfolg für ihn.

Susanne will nur eines. Und das von ganzem Herzen.
Ein Baby.

Thomas hofft, einfach wieder gesund zu werden.

Petra möchte nur wieder einen Partner haben, der sie liebt
und neben dem sie aufwachen darf.

Für Ingrid wäre es ein großer Erfolg, wenn sie es endlich
schaffen würde abzunehmen.

Meine Mutter ist siebenundachtzig. Ihr Ziel ist es, noch
die neunzig zu erreichen. Für mich wäre es ein großer
Erfolg, wenn mir noch ein paar Jahre mehr mit ihr vergönnt wären.

Und der kleine krebskranke Junge will einfach nur noch
ein Mal Weihnachten erleben.

Auch wenn manche glauben, dass Erfolg messbar sei in

Anerkennung, Bewunderung und Besitz – Erfolg lässt sich nicht messen. Ebenso bewerten oder einordnen. Erfolg ist wesentlich vielschichtiger.

Erfolg ist das, was du für Erfolg hältst.

Erfolg ist immer etwas völlig Individuelles. Mit anderem nicht Vergleichbares. Deswegen hat es wenig Sinn, anderen nachzueifern. Die Antwort für Erfolg ist immer nur in dir selbst zu finden.

Die Frage ist also nur: Was ist Erfolg für dich? Diese Frage ist wesentlicher, als es zunächst scheinen mag. Denn nur wenn wir unsere eigenen, ganz persönlichen Ziele verfolgen, werden wir auch unser Glück finden. Und zwar unser eigenes, ganz persönliches Glück.

Es geht also darum herauszufinden, wie du erfolgreich und gleichzeitig auch glücklich sein kannst. Denn so verschieden die Betrachtungsweisen von Erfolg auch sein mögen, sie alle haben doch etwas gemeinsam. Sie alle haben immer nur ein Ziel: Wir wollen glücklich sein.

Wir verbinden Erfolg mit Glück.

Selbst wenn hinter jedem Wunsch nach Erfolg ein anderes Ziel steht, geht es dennoch immer nur um eines: einen kleinen Zipfel Glück zu erhaschen.

Nur wenn du bereit bist, deinen künftigen Erfolg
mit deinem innersten Wesen, mit der Tiefe deines Selbst
zu verbinden, wirst du erfolgreich sein.

Aber wie schaffen wir das? Es beginnt damit, sich selbst nahezukommen. Dies können wir am besten, wenn wir uns selbst befragen. Du musst dir nur die richtigen Fragen stellen.

Warum willst du Erfolg haben?

Was ist Erfolg für dich?

Bei der Beantwortung helfen auch folgende Fragen: Was verbindest du mit diesem Erfolg? Und was hoffst du in Wirklichkeit zu erreichen? Je eindeutiger du diese Fragen im Laufe des Buches beantworten kannst, desto mehr wirst du über dich erfahren. Erst wenn du dich selbst wirklich kennst, erkennst du auch deine Ziele. Erst dann kannst du unterscheiden, ob es tatsächlich *deine* Ziele sind oder aber die Ziele von *anderen*.

Erfolg ist, sich selbst richtig kennenzulernen.

- Kauf dir am besten ein kleines Büchlein.
- Schreibe auf jeweils einer Seite als Überschrift eine der beiden Fragen auf: Warum willst du Erfolg haben? Was ist Erfolg für dich?
- Beantworte diese Fragen noch heute.
- Ein Satz genügt völlig.
- Denke nicht zu lange darüber nach. Schreibe einfach das Erste auf, was dir in den Sinn kommt.

Auf diese Weise kannst du sehr schnell sehen, was deine bewussten und letztlich auch unbewussten Prioritäten sind.

Stelle dir diese beiden Fragen immer wieder. Morgens –
abends. Je öfter du dich mit ihnen beschäftigst, desto rascher
werden sich dir deine wahren Ziele offenbaren.

Es kann sein, dass dich die Antworten überraschen werden. Vor allem aber wirst du bemerken, dass sie sich schon
bald verändern werden. Vielleicht morgen schon.

Jetzt ist dein Verstand erst einmal angetippt worden, sich
darüber Gedanken zu machen. Er wird daran arbeiten. Er
wird auf die Suche nach Antworten gehen. Je länger du dich
damit beschäftigst, umso mehr wirst du über dich entdecken.

Erfolg ist ...
das, was du für Erfolg hältst.

2

Erfolg ist ...
seine unsichtbaren Fesseln zu lösen

Erfolg
kennt nicht nur einen Weg.
Erfolg hat viele Zutaten.
Und alle
befinden sich in deinem Herzen.
Und im mentalen Bereich.

Wir können sie auch
in deiner Vergangenheit finden.
Denn dort wurden die Weichen gestellt.

Vielleicht hält dich auch nur ein dünnes Seil

Gefesselt ist, wer sich gefesselt glaubt –
befreit ist, wer es sich selbst erlaubt!

In vielen Erfolgsbüchern können wir lesen, was wir alles benötigen, um erfolgreich zu sein. Wir sollen diszipliniert sein, ausdauernd, durchsetzungsfähig, kreativ, überzeugend, mutig, selbstbewusst …

Was aber, wenn wir das alles gar nicht sind? Was, wenn wir es nicht schaffen, an uns selbst und unsere Ideen zu glauben?

Wenn wir es bisher nicht geschafft haben, erfolgreich zu sein, dann gibt es dafür einen Grund. Und erst wenn wir uns diesen Grund genauer angesehen und ihn transformiert haben, können wir all das entwickeln, was in so vielen Büchern an guten Ratschlägen auf uns wartet.

Dabei erinnere ich mich immer an meinen Vater.

Jedes Mal, wenn ich mit ihm in den Tierpark ging, besuchten wir auch das Elefantenhaus mit seinem großen Gehege. Denn dort gab es für mich stets ein großes Rätsel zu betrachten. Obwohl die Elefanten so mächtige Tiere waren, genügte ein kleiner dünner Strick, um sie am Weglaufen zu hindern.

Wie war das möglich? Ein kleiner, für sie unbedeutender

Ruck, und sie wären frei. Aber kein einziges dieser großen Tiere kam auf diese Idee.

Und so standen wir oft vor diesen imposanten Tieren, und mein Vater erklärte mir stets aufs Neue, dass die Elefanten einfach nicht wüssten, dass sie stärker als das dünne Seil sind. Mir war das völlig unverständlich. Wie konnte der große starke Elefant das nicht spüren?!

Und dann erzählte mir mein Vater, auf welche Weise Elefanten erzogen würden. In Indien setzt man Elefanten gerne als Arbeitstiere ein, und so bindet man den noch ganz jungen Elefanten, um sie am Weglaufen zu hindern, den Fuß mit einer Kette an einen Pfahl. Natürlich versucht sich jeder kleine Elefant anfangs loszumachen. Aber alle Mühe ist vergebens. Er ist nicht kräftig genug. Er schafft es nicht. Die Kette um seinen Fuß lässt ihn nicht in die Freiheit. Auf diese Weise hat der Elefant bereits früh gelernt, dass er einfach so nicht wegkommen kann.

Später wächst der Elefant zu einem mächtigen, starken Tier heran. Nun wäre es natürlich ein Leichtes für ihn, die Kette zu zerreißen. Aber er tut es nicht. Er hat gelernt, dass er nicht gegen die Fußfessel ankommen kann. In seinem Kopf existiert noch immer die Überzeugung, dass die Kette stärker ist als er. Die Erfahrung als kleiner Elefant hat ihn gelehrt, dass es keinen Zweck hat, sich gegen die Kette aufzulehnen. Diese Überzeugung ist so stark, dass man schließlich nur noch ein kleines dünnes Seil benötigt, um den großen Elefanten am Weglaufen zu hindern.

Die Überzeugung des Elefanten hat nichts mehr mit den tatsächlichen Umständen zu tun. Längst könnte er sich mit Leichtigkeit befreien. Dieses kleine dünne Seil um seinen

Fuß ist eigentlich eine Farce. Eine Beleidigung für das starke Tier. Wenn er es nur wüsste!

Jeder Besucher im Tierpark sieht, wie lächerlich klein dieses Seil ist. Der Elefant erkennt diese Wahrheit schon lange nicht mehr. Das ist doch erstaunlich. Es ist der gleiche Elefant, der für schwere Arbeiten im Wald eingesetzt wird, und dann lässt er sich durch ein kleines dünnes Seil seiner Freiheit berauben. Jeder Elefant müsste nur einmal kräftig daran ziehen. Aber er probiert es nicht. Er hat gelernt, dass es keinen Sinn hat. Er »weiß«, dass er es nicht schaffen würde. Er »weiß«, dass er nicht stark genug dafür ist. Er »weiß« – und deswegen probiert er es nicht einmal mehr.

Seine Überzeugung ist so stark,
dass er die Realität nicht mehr sehen kann.

Das kommt dir vielleicht bekannt vor. Auch wir haben Bereiche in unserem Leben, von denen wir glauben, dass wir es niemals schaffen könnten. Und alleine weil wir es glauben probieren wir es gar nicht mehr. Auch wenn wir uns noch so sehr nach der Erfüllung sehnen. Wir sehen nur unendlich viele Gründe, warum es uns nicht möglich ist. Aber was wäre, wenn diese Gründe nur in unserem Kopf existierten?!

Vielleicht hält uns auch nur ein dünnes Seil
alter Überzeugungen fest.

Vielleicht müssten wir nur einmal ein bisschen daran ziehen und wären erstaunt, wie groß und mächtig wir in Wahrheit sind.

Woher kommt dieser Glaube? Und wer hat uns diese Fußfessel angelegt?

Vielleicht hast du – wie der kleine Elefant – verlernt, in gewissen Dingen die Realität zu sehen. Vielleicht bist du zu viel mehr imstande. Aber die Muster und Überzeugungen aus deiner Kindheit halten dich noch immer an einem dünnen Seil. Vielleicht sind viele dieser Gründe, die dich am Weiterkommen hindern, nur in deinem Kopf und entsprechen längst nicht mehr der Realität.

Vielleicht hältst du noch immer
an dem Glauben der Vergangenheit fest.

Bei anderen erkennen wir unnötige Selbstbeschränkungen meist sofort. Dann sagen wir zum Beispiel gerne: »Wenn Gabi sich nur ein bisschen mehr zutrauen würde. Mit ihren Talenten könnte sie so viel erreichen.«

»Wenn Hans nur wüsste, was er alles draufhat, dann könnte niemand ihm das Wasser reichen. Keine Ahnung, warum er es nicht schafft, sich durchzusetzen.«

»Petra ist in Gesellschaft immer so still, dabei hat sie so viel zu sagen.«

Vielleicht sind es auch bei diesen Menschen diese kleinen dünnen Fesseln aus der Kindheit. Alte, festgehaltene Überzeugungen. »Ich bin nicht stark genug.« »Mich will ja doch keiner.« »Bei mir bleibt ja doch kein Mann, also warum sich wieder auf eine Partnerschaft einlassen?« »Da kann ich mich anstrengen, wie ich will, ich werde meinen Job doch wieder verlieren.« »Ich gerate immer wieder an den Falschen.«

Bei anderen erkennen wir sehr oft und sehr genau das Potenzial, das in ihnen schlummert, und wundern uns, warum sie es nicht einsetzen. Aber wenn wir sie darauf ansprechen, ernten wir meist nur Unmut. Manchmal werden sie sogar richtig sauer und sind beleidigt.

Kein Wunder, denn jeder von uns spürt sein eigenes, ungelebtes Potenzial. Wir spüren es als Sehnsucht. Mein Gott, was würden wir gerne alles tun, wenn wir nur könnten! Aber wir können ja nicht. Da gibt es doch dieses dünne Seil. Und weil dieses Seil inzwischen nur aus alten Überzeugungen besteht, können wir anderen auch nicht erklären was uns daran hindert, unser wahres Potenzial auszuleben. Diese Ohnmacht macht wütend ... Wir sind wütend auf uns selbst und auf alle anderen. Es ist deprimierend, nicht aus den eigenen Beschränkungen herauszukommen. Es ist traurig, sich nicht selbst zu verwirklichen. Es ist ungerecht und demütigend.

Aber wir haben gelernt, dass es keinen Sinn macht, sich dagegen aufzulehnen. Wir haben uns unserem Schicksal ergeben. Dabei handelt es sich überhaupt nicht um unser Schicksal. Sondern einzig und allein um unsere ganz persönliche individuelle Wahrnehmung von *Realität.*

Und höchstwahrscheinlich reagierst du ebenso unwirsch und ungehalten, wenn man dir nahelegt, dass dein Selbstbild nicht unbedingt mit dem Bild, das alle anderen sehen, übereinstimmt.

Höchstwahrscheinlich verteidigst du
dein kleines dünnes Seil ebenso.

Kein Wunder: Du kannst das Seil ja nicht sehen. Noch heute hältst du es für eine große, dicke, schwere Kette.

Die Wahrheit mag inzwischen vollkommen anders aussehen. Vielleicht befinden wir uns sogar in einem Umfeld, in dem alles möglich wäre, vielleicht wären wir sogar längst in der Lage, unser Potenzial auszuleben und neue Wege zu beschreiten – erfolgreiche Wege –, aber leider halten uns noch immer die unsichtbaren Fesseln unserer Kindheit und Jugend. Dann trauen wir uns nicht voranzuschreiten. Wir treten auf der Stelle. Wir kommen nicht einmal auf die Idee, andere, neue Möglichkeiten in unserem Leben auszuprobieren. Unsere antrainierten Überzeugungen sind eben stärker als die bestehende Realität.

Wir alle haben so eine unsichtbare Kette.

Sie zeigt sich in verschiedenen Formen: Angst, aus sich herauszugehen, Angst, nicht geliebt zu werden, Angst zu versagen, oder Angst, alles zu verlieren.

Ich selbst habe viele, viele Jahre mit so einer imaginären Kette gelebt. Ich fühlte mich ungeliebt, war introvertiert und schüchtern. Ich war überzeugt, niemand würde auf mich hören oder gar Interesse an meiner Meinung zeigen. Ich vertraute mir nicht und war gleichzeitig verletzt, wenn andere mir ebenso wenig zutrauten. Ich fühlte mich vom Leben benachteiligt und zurückgewiesen. Ich spürte nur noch diese gewaltige Kette, die es nicht zuließ, endlich aus mir herauszukommen.

Wenn wir dieser Angst, diesen imaginären Ketten in unserem Leben, Kraft und Glauben schenken, werden wir uns in der Tat schwertun, Erfolg zu haben. Natürlich ist es nicht leicht, sich von alten Mustern und Überzeugungen zu lösen. Für mich war es auch nicht einfach.

Aber wenn wir erst einmal erkennen, dass wir vielleicht gar nicht die ganze Wahrheit sehen können, sondern alles nur durch den Filter unserer vergangenen Erfahrungen aufnehmen, ist bereits der erste Schritt getan.

Als ich erkannte, dass es nur einen einzigen Menschen in meinem Leben gab – nämlich mich –, der mir vorgaukelte, ich wäre noch immer an einer dicken Kette angebunden, veränderte sich mein ganzes Leben. Ich befreite mich aus meiner Hoffnungslosigkeit und war auf meinem Weg zum Erfolg durch nichts und niemanden mehr zu bremsen.

Alles, was du in diesem Buch lesen wirst, ist auch mein Weg gewesen. Ich zeige dir all meine Erkenntnisse, all meine Erfahrungen und die Art und Weise, wie ich den Weg aus den Wirrungen herausgefunden habe.

Erfolg war in meinem Leben zunächst nicht vorgesehen. Ich bin in recht ärmlichen Verhältnissen aufgewachsen, und in meiner Kindheit war der Gerichtsvollzieher bei uns öfters zu Besuch, als uns allen lieb war. Und unter manchem Möbelstück meiner Eltern klebte das Pfändungssiegel.

Alle Voraussetzungen für ein Leben auf der unteren Skala der Erfolgsleiter waren eigentlich vorgegeben.

Falls du dich jetzt gerade ebenfalls in einer Situation befindest, die keinen Ausweg in Sicht stellt, dann betrachtest du wahrscheinlich noch immer diese imaginäre Kette.

Ich glaube sogar, dass der Elefant sich nicht einmal für unfrei hält. Er weiß es einfach nicht besser.

Vielleicht weißt du es ja auch einfach nicht besser.

Aber vielleicht hast du Lust, mit mir auf den gemeinsamen Weg zu gehen, um all deine unsichtbaren *Ketten* zu entdecken. Ich bin ihn schon gegangen. Wenn du möchtest, nehme ich dich gerne mit.

Und sei unbesorgt, wenn du dich jetzt klein und unbedeutend fühlst und glaubst, niemals wirkliche Größe zu entwickeln. Dann geht es dir nur genauso, wie es mir damals erging.

Vergiss zunächst einmal alles, was du über Erfolg weißt und was du dafür angeblich alles benötigst.

Denn jetzt machen wir uns einfach mal nur auf den Weg. Und da müssen wir noch nichts wissen. Schließlich betreten wir neues Land.

Erfolg ist ...
deine ganze Wahrheit
sehen zu lernen.

Finde heraus,
wie stark das bremsende Seil ist

Lerne, was du bist, und sei es.

PINDAR

Wenn wir wissen wollen, ob uns auch so ein Seil am *Laufen* hindert, brauchen wir uns nur eine Frage zu stellen: Wie viel Prozent Energie habe ich zur Verfügung?

Diese Frage mag uns anfangs vielleicht etwas merkwürdig erscheinen. Aber selbst wenn wir uns noch nie Gedanken darüber gemacht haben, wissen wir dennoch sehr genau über unseren Energiehaushalt Bescheid. Aus diesem Grund stellt meine Frau Michaela bei unseren Seminaren den Teilnehmern gerne ebendiese Frage: »Was glaubt ihr, wie viel Prozent Energie habt ihr zur Verfügung?«

Jeder kann diese Frage auf Anhieb beantworten.

Allerdings ist es ebenso erstaunlich, dass niemand diese Frage mit »Ich habe 100 Prozent Energie zur Verfügung.« beantworten kann. Selbst 90 Prozent wird als Antwort nur sehr selten gegeben. Die meisten Teilnehmer finden, dass sie vielleicht 60 Prozent, manche auch nur 50 Prozent Energie besitzen und nutzen. Einige nennen sogar nur 30 oder gar 20 Prozent.

Da stellt sich natürlich rasch die Frage, wo denn die restliche Energie geblieben ist. Wo haben wir sie verloren? Was bremst uns? Was machen wir falsch, dass wir uns von unserer eigenen Lebendigkeit so abtrennen? Warum fühlen wir uns so schlapp und müde? Vielleicht sogar erschöpft und überfordert?

Wenn wir nur so wenig Energie zur Verfügung haben, ist es nicht verwunderlich, wenn uns jeder andere auf dem Weg zum Erfolg überholt.

Also: Wer oder was in uns blockiert unsere Energie?

Die Antwort wissen wir natürlich längst. Das sind wir selber. Aber warum? Warum blockiert etwas in uns unsere eigene Energie?

Dieser Frage wollen wir gleich nachgehen, aber zunächst wollen wir einmal feststellen, wie es denn mit deinem Energiehaushalt bestellt ist.

- Mit wie viel Energie, glaubst du, fährst du zur Zeit? Halte kurz inne und beantworte diese einfache Frage. Überlege nicht lange. Das Erste, was hochkommt, ist meist richtig.
- Wenn deine Antwort 100 Prozent lautet, dann herzlichen Glückwunsch! Sofern du diese auch noch in Dinge steckst, die dich zufrieden machen, kannst du das Buch getrost beiseitelegen. Andernfalls solltest du dir überlegen, wie du deine Energie sinnvoller einsetzen kannst, sodass du nur so strotzt vor Lebendigkeit und Erfolg in allen Lebensbereichen.
- Hast du weniger Energie zur Verfügung, sollten wir mal nachsehen, wo denn deine Lebendigkeit, dein Feuer und deine Strahlkraft geblieben sind.

Dabei solltest du immer wissen: Du besitzt bereits alles, was du benötigst, um erfolgreich zu sein. Du hast dich nur selbst davon abgeschnitten. Es ist nichts von alledem verloren gegangen. Deine in dir angelegten Talente und Fähigkeiten schlummern nur.

Du kannst sie dir wieder zurückholen. Genau das wollen wir in diesem Buch tun.

Wenn wir erfolgreich sein wollen,
benötigen wir das ganze Potenzial unserer
Lebensfreude und unserer Kreativität.

Als man mir zum ersten Mal die Frage gestellt hat, wie viel Energie ich zur Verfügung hätte, war meine Antwort für mich selbst erstaunlich: 60 Prozent.

Würde man mich heute fragen, würde ich spontan sagen: 95 Prozent.

Naja, ein bisschen was bremst uns wohl immer. Auch wenn es nur 5 Prozent sind. Mal sehen, vielleicht finden wir ja auch noch meine verbliebenen Prozente in diesem Buch. Mit Sicherheit werden wir dabei wieder so ein kleines, längst überholtes Seil entdecken, das mich noch immer festhält.

Erfolg ist ...
sich wieder mit seiner ganzen
Lebendigkeit zu verbinden.

Alles,
was wir sind,
ist das Resultat von dem,
was wir gedacht haben.

Buddha

Du bist bereits erfolgreich

Das größte Geheimnis von Erfolg ist,
mit sich selbst im Reinen zu sein.

Du bist bereits erfolgreich, bei allem was du tust. Diese Aussage mag sich vielleicht etwas ungewohnt für dich anhören, und dennoch ist sie die Wahrheit.

Wir verwirklichen unser Leben genauso,
wie wir es uns vorstellen.

Vielleicht wirst du jetzt sagen, dass du dir dein Leben ganz und gar nicht so vorgestellt hast. Das mag durchaus stimmen: *Eigentlich* stellst du dir dein Leben anders vor – aber nur *eigentlich*.

Die moderne Psychologie hat herausgefunden, dass wir nur zu 5 Prozent aktiv, also bewusst, in unser Leben eingreifen. 95 Prozent unserer Handlungen jedoch geschehen unbewusst.

Was wäre denn nun, wenn diese 95 Prozent
gegen deinen Erfolg arbeiten?

Aber warum solltest du unbewusst daran interessiert sein, wenig Geld zu haben, keine Partnerschaft oder keinen Job?

Du meinst, das kann doch gar nicht in deinem Interesse sein? Und dennoch ist es so.

Es gibt in dir starke Kräfte, denen daran gelegen ist,
dass du nicht erfolgreich bist.

Wir realisieren unsere Ziele nicht nur nach unseren *bewussten* Gedanken, sondern sie richten sich auch nach unseren *unbewussten* Überzeugungen und Glaubenssätzen. 95 Prozent all unserer Handlungen werden auf diese Weise gesteuert.

Wenn du jetzt nicht erfolgreich bist, dann gibt es in dir Überzeugungssätze, die stärker sind als deine bewusste Ausrichtung, und sie arbeiten mit ziemlicher Sicherheit gegen die Erfüllung deiner Wünsche. Du bist dann also – noch – sehr erfolgreich im Scheitern, und in dir gibt es viele Selbstverhinderungsprogramme.

Wir bekommen diese unbewussten Überzeugungen gar nicht einmal so richtig mit. Wir glauben einfach, wir seien halt so, schüchtern, unbeholfen, zögerlich, einsam, linkisch, lächerlich, langsam oder eben für immer erfolglos.

In uns sind viele verschiedene Persönlichkeitsstrukturen
angelegt, die alle ihre ganz eigenen Planungen haben.

Viele von deinen verschiedenen Charakteren kennst du sicherlich noch aus deiner Erinnerung vergangener Zeiten. Vielleicht erinnerst du dich noch an den kleinen bockigen Jungen, der nie so richtig beachtet worden ist. Oder an das zarte, verschüchterte Mädchen, über das sich alle lustig machten. Oder an den Unsicheren, Zaghaften. Vielleicht

auch an den Traurigen, Hoffnungslosen. Oder an den Ange-
berischen, Übertreibenden, weil er Übertreibungen brauchte,
damit man ihn überhaupt wahrnahm. Oder aber an den
Verletzten, der noch heute auf eine Entschuldigung wartet.
Vielleicht gibt es in dir auch den Wütenden oder den Ohnmächtigen etc.

Viele dieser Energien sind noch immer in uns und sie sind
noch immer genauso stark wie damals, als sie entstanden
sind. Wir haben sie nur aus unserem Bewusstsein verdrängt.
Unbewusst wirken sie aber ungehindert weiter. Unbewusst
haben sie sogar wesentlich mehr Kraft und Raum. Immer-
hin stehen ihnen dort 95 Prozent Einflussbereich für unsere
Handlungsweisen zur Verfügung.

Natürlich möchte der Erwachsene in uns erfolgreich sein.

Aber nicht alle Anteile in uns sind erwachsen geworden.

Oftmals haben wir noch viele Kinder und Teenager in uns,
die sich nicht wirklich trauen oder noch immer Angst haben,
die erneuten Verlust befürchten, sich nicht zeigen oder nie
wieder eine Partnerschaft eingehen wollen.

Vielleicht möchten wir auch noch immer anderen beweisen, wie viel Unrecht man uns angetan hat. Oder wie gemein
man zu uns war, wie niederträchtig und wie lebensunfähig
wir deswegen heute sind.

Natürlich wollen wir erfolgreich sein. *Bewusst* wollen wir
gezielt voranschreiten und Siege erringen. Aber *unbewusst*
beeinflussen uns noch all die anderen Persönlichkeitsstrukturen in uns, die damals, in einer lang vergessenen Vergangenheit entstanden sind.

Wenn diese alten Überzeugungen und Mustersätze wieder einmal *erfolgreich* sind und ihre eigenen, uns nicht bewussten Pläne erreichen, haben wir oftmals das Gefühl, erneut in eine Opferrolle geraten zu sein. Wenn wir uns als Opfer betrachten, verstehen wir nicht, warum wir immer wieder scheitern, warum uns der Erfolg erneut versagt geblieben ist.

So erwachsen wir uns auch fühlen mögen,
emotional sind wir immer noch
in vielen Bereichen nicht erwachsen.

Noch immer glauben Teile in uns den Aussagen anderer von damals. Noch immer glauben wir das, was über uns gesagt wurde, und bleiben – ob wir es wollen oder nicht – auf diese Weise das Kind unserer Eltern. Mit all den eingefahrenen Mechanismen und Mustern von damals. Noch immer haben wir Überzeugungen in uns – auch wenn wir ihrer nicht gewahr sind –, die kraftvoll nach Verwirklichung streben.

Diese Teile in uns besitzen eine enorme Wirkung und ein dauerhaftes Durchsetzungsvermögen. Was immer uns im Leben passiert, was immer wir erleben – wenn es unseren bewussten Zielen entgegenläuft, dann kannst du dir sicher sein, dass diese Anteile in dir genau das erhalten haben, wonach sie gesucht haben.

Aber warum suchen sie noch immer danach?

Heute weiß man, dass Kinder ihren wahren – ursprünglichen – Charakter verlassen und zu der Person werden, die von ihnen erwartet wird. Auch wenn dies schmerzlich ist, auch wenn wir gar nicht so sein wollen. Wenn unsere Eltern zu uns zum Beispiel Sätze gesagt haben, wie …

»Aus dir wird nie etwas.«, »Wie kann man nur so dumm sein?!«, »Du hast ja zwei linke Hände.«, »Du kannst froh sein, wenn du überhaupt einen Partner erwischst.«, »Wer soll dich schon mögen?!«

… dann haben wir uns immer mehr diesen Aussagen angenähert und sie als eigene Überzeugungen übernommen.

Wir haben also ein Programm in unserem Kopf,
das vor langer Zeit entstanden ist.

Und dieses Programm läuft und läuft. Wurden wir zum Beispiel ständig kritisiert, gemaßregelt oder für unser Verhalten bestraft, dann sind wir immer mehr zu der Person geworden, die zu Recht gerügt wurde oder bestraft werden musste und für die man sich tatsächlich schämen musste.

Irgendwann begannen wir, uns selbst in diese Schublade zu stecken, und haben angefangen, uns selbst als lächerlich, kindisch, peinlich, nicht in Ordnung und bedeutungslos zu empfinden. Wir haben angefangen zu glauben, dass wir tatsächlich nicht liebenswert und eigentlich eine Zumutung für unsere Umgebung seien.

»Du bist ein Verlierer.«, »Erfolg gehört immer nur den anderen.«, »Du bist nicht gut genug.«, »Dich kann doch keiner leiden.«, »Geld ist schmutzig.«, »Geld stinkt.«, »Fall bloß nicht auf.«, »Du wirst immer eine graue Maus bleiben.«, »Du kannst aber auch gar nichts.«

Viele dieser Sätze sind uns heute noch vertraut. Vielleicht leise, als blasse Erinnerung, oder aber auch noch deutlich nah. Vielleicht haben wir sie schon längst vergessen. Oder gar verdrängt. Wirken tun sie dennoch unvermindert stark. Manchmal tarnen sie sich, als Zweifel, als Sorgen oder als unterschwellige Befürchtungen.

Wenn wir noch immer das traurige oder wütende Kind sind,
dann versperren wir uns unseren eigenen Lebensweg.

Auch wenn wir vielleicht seit Jahren keinen Kontakt zu unseren Eltern haben, so definieren wir uns noch immer über sie. Und so gehen wir als Erwachsene durch die Welt und bestätigen uns ständig, dass wir es nicht wert sind, Erfolg zu haben – weder im Beruf noch in Beziehungen.

Heute haben wir nicht nur Vorurteile
über die Welt da draußen,
sondern auch über uns selbst »da drinnen«.

Wurde uns als Kind vermittelt, dass wir »zu dumm«, zu klein oder zu tollpatschig seien, suchen wir noch heute nach einer Bestätigung dieser Aussagen. Meist suchen wir uns sogar Menschen, die genau dieselben Meinungen haben wie unserer Eltern und uns sogar dieselben Sätze wie damals sagen. Die schmerzlichen Gefühle, die wir damit verbinden, lassen uns sogar eine Art *Zuhause*-Gefühl empfinden.

Dieser Kreislauf von »Ursache und Wirkung« lässt sich ganz gut am Beispiel einer jungen Frau verdeutlichen, die Probleme mit ihrem Chef hatte. Sie fühlte sich ungerecht behandelt und wurde nach ihrer Ansicht ständig ignoriert, egal wie sehr sie sich anstrengte.

Nach einem kurzen Gespräch wurde ihr klar, dass ihr Chef sie genauso behandelte, wie ihr Vater es mit ihr getan hatte. Noch immer suchte sie die gleichen Erfahrungen wie in ihrer Kindheit. Sie war sich dessen überhaupt nicht bewusst gewesen. Sie wusste nur, dass es schon immer so war. Sie litt darunter, konnte aber nichts dagegen unternehmen.

Als sie sich bewusst wurde, dass sie ihre kindlichen Erfahrungen und Überzeugungen immer und immer wiederholte – *wieder holte* –, erkannte sie die wahre Ursache für ihr jetziges Leben.

Wenn uns der Ursprung all unserer negativen Überzeugungen bewusst wird, geschieht etwas Erstaunliches. Wir können all diese negativen Überzeugungen wandeln und transformieren.

Wir müssen nicht länger das vergangene Erleben
in unser Erwachsenenleben hineintragen.

So erging es auch der jungen Frau. Schon nach kurzer Zeit löste sie sich aus der Umklammerung der Vergangenheit. Sie musste nicht länger nach Stellvertretern ihres Vaters suchen, damit sie erneut die Situation ihrer Kindheit nachspielen konnte. Ihr Chef wurde »plötzlich« immer freundlicher zu ihr, und ihre Kollegen traten ihr mit Achtung und Respekt gegenüber. Wochen später schrieb sie mir eine Mail, dass sie als Mitarbeiterin des Monats ausgezeichnet wurde und eine Gehaltserhöhung bekommen hatte.

Dieses Beispiel soll in seiner Einfachheit nur verdeutlichen, wie sehr wir das Erleben aus der Kindheit in unsere Gegenwart mitnehmen. Und zwar völlig unbewusst.

Wir können diese *unbewussten* Anteile aber in unser *bewusstes* Leben holen. Dies ist sehr wesentlich, denn auf all das *Unbewusste* haben wir keinen Einfluss. Wir wissen ja nichts davon. Erst wenn wir es in unser Bewusstsein geholt haben, können wir es betrachten und transformieren.

Wenn wir erkennen, woher all unsere Überzeugungen kommen, haben wir bereits den ersten Schritt zum Wandel getan.

Wir haben uns nur abgeschnitten von unserem *inneren Kind*. Das Kind in uns kennt noch immer unsere wahre Sehnsucht. Es kennt auch den Weg zum Erfolg.

**Erfolg ist ...
sich über sich selbst
bewusst zu werden.**

Was ist das »innere Kind«?
Man spricht vom Kind,
sollte aber das Kind im Erwachsenen meinen.
Im Erwachsenen steckt nämlich ein Kind,
ein ewiges Kind,
ein immer noch Werdendes,
nie Fertiges,
das beständiger Pflege,
Aufmerksamkeit und Erziehung bedürfte.
Das ist ein Teil der menschlichen Persönlichkeit,
der sich zur Ganzheit entwickeln möchte.

C. G. Jung

Das innere Kind lieben lernen

Man kann nicht lächelnd in die Zukunft blicken,
wenn die Augen noch voller Tränen
der Vergangenheit sind.

UNBEKANNT

Wie wir eben gehört haben, wohnen tief in uns verschiedene Aspekte unserer Persönlichkeit. Die beiden wichtigsten Persönlichkeitsaspekte sind das *innere Kind* und der *innere Erwachsene.*

Genau genommen haben wir aber nicht nur *ein* inneres Kind, sondern ziemlich viele. Jedes dieser inneren Kinder hat ein anderes Alter. Es beginnt mit dem Tag der Geburt und endet, wenn wir die Teenagerzeit verlassen.

Wie sind denn nun diese *inneren Kinder* entstanden?

Immer wenn wir zu einem bestimmten Zeitpunkt tief greifende emotionale Verletzungen erfahren haben, die so stark gewesen sind, dass wir gewisse Dinge aufgegeben, uns zurückgezogen oder gar begonnen haben, uns selbst nicht mehr zu vertrauen, haben wir uns immer auch etwas von uns selbst entfernt. Wir gaben einen Teil von uns auf. All diese Teile sind nicht weitergewachsen. Sie sind kindlich geblieben. Sie sind noch immer gefangen und blockiert.

Und da diese Bereiche von uns nicht erwachsen geworden sind und sich noch immer verletzt und unbeachtet fühlen, können wir heute in diesen Bereichen auch nicht erwachsen agieren. Vielmehr lassen uns genau diese Persönlichkeitsanteile in der Gegenwart leiden.

Natürlich wollen wir das nicht. Und da sich diese ungeheilten Verletzungen nicht sonderlich gut anfühlen, versuchen wir sie zu verdrängen. Wir wollen diesen Schmerz nicht länger spüren müssen. Wir wollen endlich unsere Ruhe davor haben. Es ist doch schließlich alles so lange her.

Aber verdrängen geht nicht. Denn immer und immer wieder tauchen ähnliche Situationen in unserem Leben auf, die uns genau an diesen alten Schmerz erinnern.

Dieser Schmerz wird uns bleiben. Und zwar so lange,
bis wir uns entschließen, ihn zu heilen.

Sind diese beiden Persönlichkeitsaspekte, das *innere Kind* und der *innere Erwachsene* voneinander getrennt, dann fühlen wir uns leer, allein gelassen, hilflos und ohnmächtig. Wir fangen an zu glauben, vom Rest der Welt abgeschnitten und isoliert zu sein. Wir fühlen uns ungeliebt, verlieren unser Vertrauen und ziehen uns in uns selbst zurück.

Wenn diese beiden Persönlichkeitsaspekte jedoch wieder in liebevoller Verbindung miteinander stehen und in den inneren Dialog gehen, dann fühlen wir uns glücklich und vollständig. Wir haben dann das Gefühl der Ganzheit. Wir empfinden eine stärkere Verbundenheit mit uns und unserem Umfeld, und das Leben gelingt uns mit größerer Leichtigkeit. Vor allem aber öffnen wir damit die Türen zu einem erfolgreichen Leben.

In Kontakt mit unseren inneren Kindern zu kommen, ist
sehr einfach.

Alles, was unsere inneren Kinder benötigen, ist Liebe.

Bekommen sie Liebe und Anerkennung, dann beginnen
sie wieder weiterzuwachsen. Sie werden also mit der Zeit
erwachsen, bis sie so alt sind wie wir.

Wir lösen auf diese Weise die Trennung wieder auf.
Haben wir als Kind irgendwann Persönlichkeitsanteile von
uns aufgeben, dann ist dort eine Trennung entstanden. Wir
haben uns von diesen schöpferischen Möglichkeiten selbst
getrennt. Sie stehen uns nicht mehr zur Verfügung.

Wenn wir diesen Anteilen wieder Achtung und Aufmerksamkeit schenken, werden sie wieder in uns integriert.
Die Trennung löst sich auf und unser Herz wird wieder mit
dem Bewusstsein verbunden. Als Folge davon löst sich auch
der alte Schmerz auf und die bisherigen Selbstsabotagepro-
gramme verschwinden. Wir haben wieder Zugang zu unserem Potenzial für Glück, Freude und Fülle. Auch liebevolle
Beziehungen sind wieder möglich. Und … Erfolg.

Wir finden auch mit Leichtigkeit Zugang zu unseren
wahren Talenten. Wir sind voller Kraft und Ausdauer.

Genau genommen haben wir erst jetzt
all das Handwerkszeug zur Verfügung,
welches wir für unseren Erfolg benötigen.

Vielleicht hast du ja Lust, dich ebenfalls auf die Suche nach
deinen inneren Kindern zu machen.

- Dann suche dir einen ruhigen Moment am Tag aus. Sorge dafür, dass du ungestört bist. Setze oder lege dich hin und schließe die Augen.
- Lass noch einmal deine Kindheit in deiner Erinnerung Revue passieren. Was waren die schlimmsten Dinge, die dir zugestoßen sind? Nicht immer fallen uns sofort solche Momente ein. Kein Wunder, wir haben sie ja verdrängt. Und dennoch haben wir Zugang dazu. Frage dich einfach einmal, in welchem Alter etwas vorgefallen sein könnte, das dich sehr verletzt hat. Überlege nicht lange. Das Erste, was dir in den Sinn kommt, ist richtig.
- Wenn du eine Zahl gefunden hast, dann beschäftige dich einmal mit diesem Alter.
- Versuche, dich selbst zu sehen. Wie ging es dir damals? Was hast du getan? Was haben die anderen gemacht? Vielleicht siehst du dich einsam auf dem Bett sitzen. Oder in einer Ecke. Vielleicht willst du nichts mehr hören und nichts mehr sehen. Vielleicht fühlst du dich verlassen. Oder gedemütigt und verraten. Betrachte dich in aller Ruhe selbst.
- Und dann nimm Kontakt zu diesem Kind auf. Es ist noch immer dort, wo du es zurückgelassen hast. Es braucht deine Hilfe. Es wartet auf dich.
- Rede mit deinem inneren Kind. Beobachte einmal, ob es sich ansprechen lässt. Sieht es dir in die Augen? Vertraut es dir?
- Sage ihm, dass du zurückgekommen bist, um es zu umarmen. Frage, ob es mitkommen möchte.
- Stell dir vor, wie du es in den Arm nimmst.
- Stell dir vor, wie es mit dir mitgeht und seine alte, verhasste Umgebung verlässt.

- Sprich mit ihm voller Liebe und Zuneigung.
- Denke auch in den nächsten Tagen an dein inneres Kind, auch wenn du völlig andere Dinge tust.
- Zeige ihm deine Welt, indem du ihm erklärst, was du gerade so machst.
- Zeige ihm, wie sehr du es vermisst hast und wie froh du bist, dass es wieder bei dir ist.
- Liebe dein inneres Kind.

Wenn wir uns mit unserem inneren Kind beschäftigen und es zu lieben beginnen, fängt es an zu wachsen.

Wir können dies regelrecht spüren. Wir fühlen uns reifer, ruhiger, gelassener, entspannter und sicherer und gleichzeitig lebendiger. Wir haben einen Teil von uns wieder zum Leben erweckt.

Aber wie wir ja bereits festgestellt haben, haben wir nicht nur *ein* inneres Kind, sondern viele. Schau deshalb auch noch nach weiteren.

Wann hat man dir unrecht getan? Wann hat man dir dein Herz gebrochen? Suche nach all den Momenten, in denen du dich so unsäglich geschämt hast. Oder dich vielleicht heute noch schuldig fühlst oder glaubst, nie wieder jemandem dein Herz schenken zu können.

Lass dir jedoch Zeit. Überfordere dich nicht. Wenn wir Kontakt zu unseren inneren Kindern aufnehmen, ist dies auch immer sehr emotional. Mach kein Leistungsprogramm daraus. Schließlich geht es um Anerkennung, Achtung und Liebe. Das benötigt Ruhe, Geduld und Zeit.

Ich bin auch nicht nur *einmal* in meine Vergangenheit

gegangen, um all meine inneren Kinder zu suchen. Ich bin immer wieder in bestimmten zeitlichen Abständen auf diese Reise gegangen. Auch ich habe mir Zeit gelassen.

Die Arbeit mit dem inneren Kind wird uns eine Weile begleiten. Selbst heute noch entdecke ich Erlebnisse aus meiner Kindheit, die ich noch nicht verarbeitet habe. Heute freue ich mich darüber. Wieder ein Moment, der mich reicher und vollständiger macht.

Immer wieder werde ich in den Seminaren gefragt, wie ich denn mit diesen inneren Kindern kommuniziere. Dies ist ganz unterschiedlich. Manchmal rede ich mit meinen inneren Kindern. Manchmal nehme ich sie gedanklich in den Arm. Manchmal lasse ich sie neben mir am Schreibtisch sitzen. Manchmal frage ich sie, wie sie gewisse Dinge formulieren würden. Und manchmal springe ich herum. Weil ich doch auch so ein Kind bin. So ein wundervolles, verspieltes Kind. Und ich doch verstehe, wie aufregend es ist, Kind sein zu dürfen.

All diese kindlichen Anteile wachsen in mir. Manchmal übertreibe ich, weil Kinder gerne übertreiben. Manchmal schieße ich über das Ziel hinaus, weil Kinder so grenzenlos sind.

Ich bin wieder Kind. Und ich liebe diese Kinder in mir. Ich hole mir alle Emotionen, alle Gefühle, alle Freude, alle Energie, die schon immer in mir gewesen sind, zurück, indem ich sie zulasse.

Manchmal weine ich mit meinen inneren Kindern, weil es doch so traurig gewesen ist. Ich bin voller Verständnis. Voller Fürsorge. Ich lasse zu. Ich lasse mich zu. Mich, mit all meiner wundervollen kindlichen Energie.

Und manchmal kaufe ich mir einen kompletten Blödsinn, weil ich es als Kind so gerne gehabt hätte. Dann lachen
wir über diesen Blödsinn. Na und?! Wir dürfen so sein. Es
macht Spaß, so zu sein.

Und irgendwann spüre ich, wie dieses innere Kind immer
mehr zu mir wird. War es anfangs noch ein Bild von mir,
welches ich sehen konnte, rückt dieses Kind immer näher
an mich heran. Dann werden die Grenzen fließend. Und
irgendwann bin ich es geworden. Ich habe diese Anteile
wieder in mir. Das Potenzial dieses inneren Kindes ist nicht
länger abgeschnitten und getrennt von mir, sondern steht
mir in vollem Umfang zur Verfügung.

Das Beschäftigen mit den inneren Kindern
ist aufregend und bereichernd.

Wenn du magst, wiederholst du diese Übung für jedes Kind.

Sind wir einmal diesen Weg gegangen und haben eines
unserer inneren Kinder wieder in uns integriert, wird es
jedes Mal wesentlich leichter, da wir bereits wissen, welche
Belohnung auf uns wartet. Der Weg ist immer gleich, landen
wirst du jedoch immer wieder woanders.

So war es auch bei mir. Einmal sah ich mich alleine und
vergessen an meinem kleinen Kinderschreibtisch sitzen.
Ein anderes Mal lag mein siebenjähriges Kind unter dem
Bett, weil es sich nur dort sicher fühlte. Ein weiteres Kind
hatte Angst, weil die Eltern sich scheiden lassen wollten
und alles so hoffnungslos aussah. Mein sechsjähriges Kind
saß in einer Ecke des Zimmers und spielte mit zwei Glas-
murmeln. Es fühlte sich ungeliebt und unbeachtet. Ein

Gefühl, das ich noch mit 35 Jahren hatte, bis ich mich mit diesem Kind verband und es zurück in meine Erwachsenenwelt holte.

Sehr oft sind diese Kinder traurig und apathisch. Kein Wunder. Man hat sie ja dort zurückgelassen. Sie sind noch immer emotional unerlöst wie damals, vor vielen, vielen Jahren.

Diese Gefühle, die das Kind hat, werden dir bekannt vorkommen. Nur zu verständlich. Du bist ja dieses Kind. Und genau das ist auch unsere große Chance. Gerade weil wir uns mit diesen Gefühlen so gut auskennen, können wir das Kind gut verstehen.

Wir können mit ihm über all die schlimmen Erfahrungen reden. Wir können trösten und ihm die Gefühle schenken, die ihm verwehrt geblieben sind. Nehmen wir dieses Kind wieder zu uns und lassen es voller Freude und Vertrauen erwachsen werden, dann werden auch diese Anteile in uns erwachsen.

Mit jedem Kind, das du zu dir nimmst, werden deine Kraft, deine Würde, dein Stolz und dein Selbstvertrauen zu dir zurückkehren. Der wundervolle Nebeneffekt ist, dass wir von nun an fast spielerisch erfolgreich werden. Wir hören auf, uns selbst zu begrenzen. Grenzen stecken wir ab nun völlig neu.

Suche nach deinen inneren Kindern. Je mehr du von ihnen findest und zu dir zurückholst, desto rascher werden sie dir erwachsen zur Seite stehen und mir dir verschmelzen.

Verschenke deine Liebe an dich selbst.

Sei einfach gut zu dir und deinen inneren Kindern und fühle, wie sehr dich die zurückgewonnene Energie bereichert. Genieße diese neue Erfahrung.

**Erfolg ist …
jedes innere Kind wieder
zu lieben zu beginnen.**

Transformiere deine alten Überzeugungen und Prägungen

Ganz gleich, wie beschwerlich
das Gestern war,
stets kannst du im Heute
von Neuem beginnen.
BUDDHA

Es gibt noch ein sehr geeignetes Mittel, all die bremsenden Verhaltensmuster, Überzeugungen und Prägungen aus der Kindheit, die heute noch unser Verhalten und Erleben als Erwachsene negativ beeinflussen, zu transformieren. Dazu bedienen wir uns einer ganz einfachen, aber sehr effektiven Übung, die unsere bewusste Wahrnehmung neu ausrichtet. Mit dieser Übung lösen wir alte Überzeugungen auf und bauen neue, nützliche Glaubenssätze auf, die sich nach einiger Zeit zu neuen – uns fördernden – Überzeugungen entwickeln. Wir programmieren unseren Verstand dadurch regelrecht neu.

- Nimm ein Blatt Papier und einen Stift zur Hand.
- Falte das Papier vertikal und bilde dadurch eine Mittellinie, die du mit dem Fingernagel als Risskante deutlich nachfährst. Nun hat dein Papier eine linke und eine rechte Hälfte.

- Auf die linke Hälfte des Blattes schreibst du alles, was dir an Negativsätzen über dich einfällt. Alles, was du jemals von Vater, Mutter, Oma, Opa, Onkel, Tante, Pfarrer, Lehrer, Fußballtrainer, Ballettlehrerin, Klavierlehrerin oder Mitschülern gehört hast. Horche in dich mit der Absicht hinein, diesen destruktiven Sätzen auf die Spur zu kommen.

- Lass dir Zeit. Sei geduldig mit dir. Dein Unterbewusstsein wird zum ersten Mal ganz bewusst auf die Suche nach diesen blockierenden Sätzen geschickt.

- Es kann auch sein, dass wir als Kind oftmals all die Bemerkungen, die über uns gesagt wurden, nicht immer sofort als eindeutige Demütigung erkennen. Manchmal fühlen sie sich gar nicht so verletzend an. Manchmal geschieht dies viel subtiler. Es kann zum Beispiel sein, dass es in deiner Familie üblich war, Witze über jeden in Bezug auf Körpergröße und Intelligenz zu machen. Oder das eine Geschlecht wichtiger zu nehmen als das andere. Zum Beispiel wird oft Mädchen etwas anderes vermittelt als Jungen. Das kann uns dann ein Gefühl gegeben haben, dass Frauen weniger wert sind als Männer. Auch auf diese Weise bilden sich in uns Überzeugungen aus.

- Es kann auch sein, dass in deiner Familie nicht viel gesprochen wurde, sondern eher – nonverbal – ein Gefühl von Minderwertigkeit oder Lieblosigkeit vermittelt wurde. Dann schreibe die *Überzeugung* auf, die sich im Laufe der Zeit durch diese Behandlung in deiner Kindheit für dich gebildet hat. Wenn du als Kind zum Beispiel immer das Gefühl hattest, du gehörst nicht dazu, dann könnte es der Grund für solche Glaubenssätze sein: »Ich

gehöre nirgends dazu.«, »Keiner will mich dabeihaben.«,
»Ich werde immer ausgegrenzt.«

Schreibe all diese Sätze auf. Alles, was du heute Negatives
über dich glaubst. Ebenso all die negativen Bemerkungen,
an die du dich noch erinnern kannst. Vielleicht ärgert dich
auch heute noch so manche Aussage, gegen die du dich nie
wehren konntest.

Begrenze dich nicht. Tu nichts als zu klein oder lächerlich ab.

Wenn du nun auf der linken Seite viele Sätze geschrieben hast, die dich damals verletzt haben und deren Wirkung du noch heute spürst, dann betrachte einmal in aller
Ruhe deine Liste.

Vielleicht bist du erstaunt, dass es so viele Aussagen sind.
Vielleicht wirst du auch traurig, weil du all das noch heute
über dich denkst.

Es ist nicht immer einfach, in so kurzer und prägnanter
Form all die negativen Meinungen über sich lesen zu müssen. Aber all das sind Sätze und Meinungen über dich, die
du noch heute mit dir herumträgst.

Das ist deine eigene Meinung über dich. Mit einem solchen Selbstbild ist es natürlich schwer, leicht und erfolgreich
durchs Leben zu gehen.

Die Liste muss jetzt beim ersten Mal auch gar nicht auf
Anhieb vollständig sein. Auf ganz viele solcher prägenden
Aussagen werden wir vielleicht erst in den nächsten Tagen
kommen. Denn vieles aus unserer Kindheit haben wir vergessen oder gar verdrängt. Wirken tun sie dennoch in uns.

Aber wie sehr wir sie auch ins Vergessen gedrängt haben,

sie werden wieder auftauchen, wenn wir uns damit beschäftigen. Lass dir also Zeit und überfordere dich nicht. Wenn
du erst einmal damit angefangen hast, wirst du erstaunt sein,
wie viele dieser Sätze dir in den nächsten Tagen noch einfallen werden.

Nun kommen wir zum zweiten Teil der Übung.

- Auf die rechte Seite deines Blattes schreibst du jetzt die
  positive Entsprechung des jeweiligen negativen Satzes.
  Finde also für die negativen Aussagen die Sätze heraus,
  die du gerne gehört hättest. Finde Aussagen, die dir guttun und dir ein sicheres Gefühl geben. Wir transformieren also deine alten Überzeugungssätze in neue, positive
  Glaubenssätze um. Zum Beispiel:
- Du bist für alles zu langsam. – Ich lebe das Leben in meiner Geschwindigkeit.
- Du hast zwei linke Hände. – Ich habe jede Fähigkeit, die
  ich brauche.
- Du bist zu dick. – Ich liebe meinen Körper so, wie er ist.
- Nicht immer ist das genaue Gegenteil des negativen Satzes die passende, Kraft spendende Affirmation. Wenn der
  Satz heißt »Ich bin zu dick«, ist die neue Aussage nicht
  zwangsläufig »Ich bin schlank«. Hinter dem Satz finden
  wir oft auch die körperliche Ablehnung in der Pubertät.
  Dann wäre die positive Entsprechung: »Ich bin liebenswert.« Oder: »Ich mag mich so, wie ich bin.

Es ist auch keineswegs immer so leicht, alle negativen Aussagen ins Positive zu wandeln. Doch keine Sorge, wenn du
diese Übung ein paar Mal gemacht hast, wirst du immer

sicherer darin werden, deine Sätze zu transformieren und Formulierungen zu finden, die dich in deinem Selbstwert bestärken. Spüre einfach in dich hinein. Welche neuen positiven Aussagen schenken dir Kraft?

Wichtig ist, dass sich die neuen positiven Affirmationen gut für dich anfühlen.

- Wenn du nun alle Aussagen ins Positive transformiert hast, also auch auf der rechten Seiten die jeweiligen transformierten Sätze geschrieben hast, dann faltest du das Blatt in der Mitte.
- Und nun konzentrierst du dich darauf, die alten Überzeugungen aus deinem Leben zu entfernen und loszulassen. Du vereinbarst in Gedanken mit dir selbst, dass du diesen überholten Überzeugungen ab jetzt keine Aufmerksamkeit und keine Kraft mehr schenkst.
- Sobald du innerlich diese Entscheidung getroffen hast, reißt du das Blatt in zwei Hälften. Nun hast du links die negativen Sätze und rechts die transformierten Aussagen.
- Die linke Hälfte mit den Negativsätzen zerreißt du nun in ganz kleine Stücke.
- Anschließend verbrennst du sie. Dabei stellst du dir vor, wie du dich von ihnen verabschiedest. Du lässt sie los. Sie haben keinen Zugriff mehr auf dich. Sie lösen sich regelrecht in Rauch auf.
- Spüre die Erleichterung, wenn du dich von ihnen trennst.

Das Verbrennen der negativen Sätze ist ein starkes Ritual für uns. Es bestärkt uns darin, dass wir jetzt bereit sind, unsere Vergangenheit loszulassen.

Rituale haben einen hohen emotionalen Stellenwert für unser Gedächtnis. Sie helfen uns, kraftvoll in unserem neuen Vorhaben zu bleiben.

- Sobald du damit fertig bist, nimmst du die positiven Sätze und Affirmationen wieder in die Hand und verbindest dich ganz bewusst mit ihnen.
- Vereinbare mit dir selbst, dass du diesen neuen, positiven, Kraft spendenden Aussagen ab jetzt alle Aufmerksamkeit und deinen ganzen Willen schenken wirst.
- Das sind ab sofort die gültigen Glaubenssätze, zu denen du dich hinentwickeln möchtest.

Auf diese Weise bekommt dein Unterbewusstsein ein klares Signal, seine Aufmerksamkeit von nun an auf diese positiven Überzeugungen zu lenken und sich ab jetzt nur noch damit zu beschäftigen.

Immer wenn dir nun im Alltag noch die alten Überzeugungen in die Quere kommen, zum Beispiel als Zweifel, sagst du einfach »Stopp! – Ich habe eine Alternative!« und setzt sogleich die positive Entsprechung dagegen.

Natürlich werden wir uns am Anfang die neuen, positiven Sätze nicht glauben. Wir werden aber hineinwachsen. Ebenso wie wir als Kind die negativen Sätze über uns aufgenommen haben, kann unser Verstand bereits nach kurzer Zeit die neuen Aussagen immer besser annehmen.

Wenn wir uns stets aufs Neue mit den positiven Affirmationen beschäftigen, werden wir uns verändern. Der Widerstand unseres Verstandes wird nachlassen, und der Filter unserer Wahrnehmung wird sich mit der Zeit auf die

neuen Aussagen fokussieren. Unsere bewusste und unbewusste Wahrnehmung sucht regelrecht nach Bestätigung
unserer *behaupteten* Aussagen, bis sie immer mehr zu unserer Wahrheit wird.

So technisch die Übung anfangs auch ist, so tief greifend
wird der Wandel sein, der tief in unserem Bewusstsein stattfindet.

Wenn sich unsere Wahrnehmung verändert, verändern
sich unsere Überzeugungen. Und da sich alles in unserem
Leben nach unseren Überzeugungen ausrichtet, werden wir
schon nach kurzer Zeit völlig neue Dinge erleben. Erfolgreiche Dinge. Dinge, die wir jetzt noch für unmöglich halten.

Wir werden auch andere Menschen kennenlernen, die
uns in unseren neuen Überzeugungen bestätigen.

Erfolg ist ...
alte Muster zu transformieren.

Ich darf erfolgreich sein

Erst wenn du im Herzen wirklich glücklich bist,
kannst du andere an deinem Glück teilhaben lassen.

Es gibt noch ein bremsendes Element, und überraschend viele Menschen tragen es in sich. Es handelt sich um einen sehr genauen und starken Abschlussbefehl, der uns daran hindert, erfolgreich zu sein. Dieser Befehle wird mir regelmäßig von den Teilnehmern in meinen Seminaren zum Thema »Erfolg« in Form einer Frage gestellt. Sie wollen wissen, ob man sich denn Reichtum, Erfolg oder Geld überhaupt wünschen *darf.* Ob es nicht verwerflich, unmoralisch oder gierig sei, sich diese Dinge überhaupt zu wünschen. Schließlich gibt es doch auch die Meinung, dass Reichtum, Erfolg und Geld den Charakter verderben und man zu einem schlechten Menschen mutiert, wenn man nach »weltlichen Dingen« strebt.

Für so manchen ist es also fast so, als ob irgendeine höhere Instanz es einem regelrecht *verbieten* würde, dass man reich *und* glücklich sei. Nicht selten werden sogar regelrecht Schuldgefühle entwickelt, nur weil man sich wünscht, erfolgreich zu sein und Geld im Überfluss zu besitzen.

In uns gibt es oftmals eine innere Instanz,
die uns nicht erlaubt, erfolgreich zu sein.

Diese *Instanz* macht sich durch Sätze und Überzeugungen bemerkbar. »Armut ist eine geistige Tugend.«, »Nur Menschen, die innerlich reich sind und ihr letztes Hemd weggeben, sind es wert, in den *Himmel* aufgenommen zu werden – oder sind auf dem Weg der Erleuchtung.«, »Reichtum ist egoistisch und geht auf Kosten anderer.«, »Wenn es anderen schlecht geht, darf es mir doch nicht gut gehen.« Diese und noch viele andere Überzeugungen halten uns ganz massiv davon ab, das zu verwirklichen, was wir doch eigentlich wollen: einfach erfolgreich sein. Durch solche Glaubenssätze vermitteln wir uns, dass wir gar keinen Erfolg haben *dürfen* – und sind dann erstaunt, dass er sich tatsächlich nicht einstellt. Wir schwanken dann ständig zwischen Schuldgefühlen und Hoffnungen hin und her und neutralisieren auf diese Weise alle unsere positiven Bemühungen.

Das Gesetz des Erfolges folgt nur einer Richtlinie: Und das ist die unserer inneren Überzeugung. So beantwortet sich auch die Frage nach der *Erlaubnis,* sich Erfolg, Reichtum und Geld wünschen zu dürfen.

Es steht uns zu, wenn wir überzeugt sind, dass es uns zusteht.

Wir haben ein Recht darauf, auf allen Ebenen erfolgreich und glücklich zu sein, sofern wir uns dieses Recht selbst einräumen. Die eigentliche Frage lautet also nicht: »Darf ich überhaupt erfolgreich sein?«, sondern: »Wem hilft es, wenn ich es nicht bin?« Keinem Menschen ist damit gedient, wenn wir arm sind und am Existenzminimum herumkrebsen. Am wenigsten uns selbst. Im Gegenteil. Erfolg ist Ausdruck unserer Selbstverwirklichung.

Wenn wir jedoch glauben, dies wäre unmoralisch oder egoistisch, dann schneiden wir uns von der Möglichkeit ab, uns zu entfalten. Wenn wir nicht das, was uns zusteht oder als Belohnung dient, voller Freude und Dankbarkeit annehmen, weil es anderen Menschen doch so schlecht geht, erlauben wir uns nicht, unsere Fähigkeiten und Talente auszuleben.

- Ein Schlüsselwort in diesem Zusammenhang ist: Ich *darf*, ich *erlaube* mir.
- Wenn wir uns selbst coachen, sollten wir immer auch diese Formulierungen beachten: Ich erlaube mir, erfolgreich zu sein, ich darf viel Geld verdienen.
- Wir dürfen erfolgreich sein, wir erlauben es uns ab jetzt einfach.
- Wenn es innerlich unbewusste Verbote gibt, dann können wir zwar nachforschen, woher sie kommen, aber viel wichtiger ist es, sie im Hier und Jetzt aufzulösen und stattdessen – wie im vorangegangen Kapitel beschrieben – neue positive Affirmationen einzusetzen. Zum Beispiel: »Ich darf alles haben, was das Herz begehrt.«, »Es ist genug für alle da!«

> *Du kannst der Welt mehr dienen,*
> *wenn du erfolgreich und glücklich bist,*
> *als wenn du arm und unglücklich bist.*

Denn erst dann kannst du dich entscheiden, mit deinem Reichtum und deinem Erfolg den Menschen zu helfen, die Hilfe benötigen. Dies geht nur, wenn wir erfolgreich sind.

Ansonsten lassen wir alle um uns herum nur an unserer Armut teilhaben.

- Spüre in dich hinein. Gibt es in dir Beschränkungen oder Überzeugungen, die dich glauben machen, du dürftest keinen Erfolg haben?
- Findest du, dass Erfolg auch einen Makel hat? Wenn ja, welchen?
- Wenn du solche Punkte in dir findest, dann weißt du ziemlich rasch, welche Anteile in dir es nicht zulassen, dass du Erfolg hast.
- Überprüfe, ob diese Überzeugungen und Meinungen wirklich dir gehören oder aber von anderen Menschen stammen, zum Beispiel deinen Eltern.
- Bist du willens, noch weiter an diesen Überzeugungen festzuhalten?
- Bist du einverstanden, dass diese Überzeugungen es auch künftig verhindern, dass du erfolgreich bist?

Wenn nicht, dann mache mit folgender Übung weiter:

- Beschäftige dich in nächster Zeit mit dem Gedanken, wie es wäre, wenn du es dir erlauben würdest, erfolgreich zu sein.
- Setz dich in aller Ruhe hin und gehe immer wieder in folgende Gedanken:
  Erfolg ist Ausdruck all meiner göttlichen Gaben.
  Wohlstand ist mein natürlicher Zustand.
  Ich gestatte es mir, die Tür zu meinem Erfolg und Reichtum weit aufzumachen.

Ich darf alles haben, weil alles ein Ausdruck der Schöpferkraft in uns ist.

Es ist ein Geschenk, erfolgreich zu sein.

Ich atme die Freiheit, die Erfolg mir verspricht, tief ein.

Wenn alles Schöpferkraft – also göttlich – ist,
dann ist ALLES göttlich. Auch du und dein Erfolg.

Erlaube dir selbst, erfolgreich zu sein. Es gibt keinen Grund, Erfolg, Reichtum und Geld aus deinem Leben auszuklammern. Auch nicht unbewusst.

Die Sehnsucht nach Erfolg und der Wunsch, genügend Geld zu besitzen, ist ein ganz natürliches Bedürfnis nach Wachstum und Größe.

Erfolg ist ...
sich zu erlauben,
erfolgreich zu sein.

Erfolg ist ...
eine Möglichkeit zu schöpferischem Wachstum.

Die kreative Kraft in dir versiegt nie

Es ist nie zu spät, das zu werden,
was man hätte sein können.
GEORGE ELIOT

Wenn ich mit Menschen an Erfolgsstrategien arbeite und alle bremsenden Überzeugungen zu wandeln beginne, höre ich oftmals die Sorge, dass es für eine positive Veränderung zu spät sein könnte. Viele glauben, dass, je älter man wird, man doch nichts mehr ändern kann. Warum auch? Das Leben ist ja bereits gelebt.

Ist aber nicht jeder Tag es wert, sich selbst zu leben?! Heute, morgen, übermorgen. Wäre es nicht wundervoll, jeden künftigen Tag zu einem Geschenk werden zu lassen?! Und noch so manche Woche, die wir noch erleben werden?! Vielleicht auch jeden weiteren Monat in unserem Leben?! Und warum nicht noch alle kommenden Jahre?! Vielleicht noch ein ganzes Jahrzehnt?! Oder gar zwei?! Einfach den ganzen Rest unseres wundervollen Lebens.

Die Sehnsucht danach, glücklich zu sein, bleibt. Gleichgültig, wie alt wir sind. Gleichgültig, wie viele Jahre wir bereits ungenutzt hinter uns gelassen haben. Noch immer wünschen wir uns Veränderungen. Noch immer lodert die Flamme der Sehnsucht. Auch wenn wir glauben, dass es so spät nur noch wenig Sinn ergibt, unser Leben auf die Spur des eigenen Glücks zu lenken, kommen doch immer wieder auch Menschen zu mir, die genau diese Veränderungen in ihrem Leben noch vornehmen möchten.

Den Weg zu seinem eigenen Leben zu finden,
ist in jedem Alter möglich.

Wir müssen es nur wollen. Wir müssen nur bereit sein, diese Veränderung in unserem Leben zuzulassen.

So wie Johannes, der sich vor einigen Jahren in Frankfurt zu einer Einzelcoachingsitzung anmeldete. Er war 68 Jahre alt, leitete eine kleine Firma, die er von seinem Vater übernommen hatte, und war bisher recht erfolgreich damit gewesen. Die Firma florierte und warf genügend Geld ab.

Dennoch fühlte sich Johannes einsam. Es sei fast so, sagte er, als würde er nicht richtig am Leben teilnehmen. Es fehlte ihm jegliche Motivation. Hinter jedem seiner Sätze spürte man eine tiefe Trauer, trotz des teuren Anzugs, trotz des teuren Wagens, mit dem er gekommen war, und trotz des wundervollen Appartements mit dem Blick über die ganze Stadt, das er besaß. Zudem, sagte er, sei ihm nie das Glück einer beseelenden Partnerschaft vergönnt gewesen.

Auch er glaubte, dass es eigentlich viel zu spät für eine Veränderung in seinem Leben sei. Dafür sei er doch bereits viel zu alt. Aber er war neugierig. Er hatte meine Bücher gelesen und wollte eigentlich nur herausfinden – rein theoretisch, wie er mehrmals betonte –, ob es überhaupt möglich wäre, sein Leben zu verändern.

Wir sprachen über seine Sehnsüchte, aber er konnte keine benennen. Sehnsüchte hatte er längst aufgegeben. Wir betrachteten mögliche Ziele oder künftige Vorhaben, aber er hatte schlichtweg keine Erwartungen mehr. Er wolle sich auch gar nicht beschweren, er habe doch alles, ihm gehe es wirklich gut. Er sei vielleicht nicht überglücklich, aber auch das sei in Ordnung.

Wir unterhielten uns darüber, was Glück für ihn bedeutete, und plötzlich wurde er redselig. Über Glück wusste er sehr genau Bescheid. Schöpferisch sein, kreativ sein. Für eine Sache brennen. Feuer fangen.

Wir gingen auf die Suche nach diesem Feuer, das er vor langer Zeit vergraben hatte.

Und auf einmal wurde ihm alles klar. Er hatte sich von diesem Feuer abgeschnitten. Er konnte sein eigenes Glück ja nicht verfolgen. Er musste doch die Firma übernehmen. Sie trug doch den Familiennamen, und er war der einzige Sohn.

»Es stand doch das Lebenswerk meines Vaters auf dem Spiel«, sagte er, um mir zu beweisen, dass er gar keine andere Wahl hatte.

»Und was ist mit deinem Lebenswerk?«, fragte ich ihn. »Ist das weniger wert?«

Er wurde nachdenklich und schwieg für mehrere Minuten. Sein Gesicht veränderte sich. Vor mir saß ein zehnjähriger Junge, der brav gelernt hatte, die Erwartungen seiner Eltern zu erfüllen. Die schöpferische Kraft des Jungen ist nie erwachsen geworden. Dieser Junge hatte sich nie gefragt, was er eigentlich gerne selber in seinem Leben bewerkstelligen mochte.

In jener Sitzung stellte er sich zum ersten Mal diese Frage, die er zuvor – vor lauter Schuldgefühlen – nie an sich herankommen ließ.

Und urplötzlich entdeckte er, dass er gar nicht sein Leben lebte, sondern das Leben seines Vaters. Für einige Minuten saß er erstaunt und mit offenem Mund einfach nur da.

Vor vielen, vielen Jahren hatte er die Erfolgserwartungen seines Vaters übernommen und die Ziele seines Vaters als seine eigenen ausgegeben.

»Mein Gott«, sagte er immer wieder. Plötzlich war es für ihn so klar. Er lebte den Erfolg seines Vaters nach und hatte dabei sich selbst vergessen.

Dann fing er an zu weinen.

Als wir begannen, uns auf seine ursprünglichen Ziele von damals zu konzentrieren, meldeten sich plötzlich die eigenen Sehnsüchte wieder. Diese Sehnsüchte waren jung und voller Dynamik. Sie gehörten einem zehnjährigen Jungen – wie er sich erinnerte – und waren voller Hoffnung und voller Tatendrang. Noch mit sechzehn besaß er diese Kraft und Lebensfreude.

Irgendwann wurde er in die Firma seines Vaters eingeführt, und es wurde nie hinterfragt, ob dies auch seinen eigenen Wünschen und Sehnsüchten entsprach. Für alle um ihn herum war das eine klare Tatsache. Irgendwo in dieser Zeit hatte er wohl etwas von seiner Lebensenergie verloren. Tag für Tag immer ein bisschen mehr.

Der zehnjährige Junge, an den sich der 68-jährige Mann erinnerte, wusste sofort, was er eigentlich hätte werden wollen. Er wusste es noch immer. Und nun erinnerte sich der alte Mann noch sehr gut an die Kraft und Lebendigkeit, die er damals als Kind besessen hatte. Er war vollkommen erstaunt, wie er das hatte vergessen können.

Erneut dachte er an die Entscheidung, die Firma des Vaters

zu übernehmen, und die Trauer überzog erneut sein Gesicht. Alle Lebendigkeit war aus seinem Körper verschwunden, und vor mir saß wieder ein alter, gebrechlicher Mann.

Als ich ihn fragte, was denn der kleine Junge wollte, was er denn lieber getan hätte, als die Firma zu übernehmen, kehrte das verlorene Feuer in die Augen zurück.

»Malen«, sagte er. »Ich wollte immer malen. Ich habe gemalt«, strahlte er. »Meist heimlich. Ich war gut darin. Ich hatte Talent.«

»Und wie wäre es, wenn du jetzt endlich mit deinem eigenen Lebenswerk beginnen würdest?«, wollte ich wissen.

»Aber wie, das geht doch nicht«, sagte der alte Mann. Dann überlegte er eine Weile, und das Lächeln kehrte zurück.

Dieser Mann begann zu malen. Noch in derselben Woche. Und bereits ein Jahr später hatte er seine erste Ausstellung.

Das Glück war in sein Leben zurückgekehrt. Heute ist er 74, hat bereits viele erfolgreiche Vernissagen hinter sich und ... nach Jahren der Einsamkeit endlich eine wundervolle Partnerin, nach der er sich so gesehnt hatte.

Er begann einfach nur, seine *eigenen* Erfolge anzustreben. Er begann, sich seine wahren Herzenswünsche zu erfüllen und damit auch wieder sich selbst anzunehmen. Er fand nicht nur seine Kraft und Motivation wieder, sondern auch die Liebe zu sich selbst. Und damit auch die Liebe zu einem anderen Menschen.

Für die wahren Erfolge ist es nie zu spät. Die wahren Erfolge finden sich immer. Wir müssen sie nur zulassen und nicht länger unserem Verstand erlauben, uns zu begrenzen.

Der alte Mann hatte sich mit seinem Leben ausgesöhnt.

Und noch viel wesentlicher, er betrachtete sein Leben nun als erfüllt.

Er hat sich mit seiner Kreativität wieder verbunden. Er hatte einfach für einen kurzen Moment alle bisherigen Gründe und Argumente, die ihn bisher daran gehindert hatten, seine wahren Sehnsüchte hochkommen zu lassen, beiseitegeschoben.

In unseren Sehnsüchten verbirgt sich ganz oft unsere Kreativität. Kreativ sein heißt schöpferisch sein.

Und hier sind wir wieder bei unserem inneren Kind. Unsere Kreativität finden wir dort, wo sich unsere inneren Kinder aufhalten.

- Wenn es kein *Wenn* und *Aber* gäbe – was würdest du gerne tun?
- Wenn es keine Rolle spielen würde, wie alt du bist, was würdest du dann gerne noch machen?
- Finde heraus, wo in dir die Lebensfreude steckt.
- Was wolltest du schon immer mal tun und hast es nur vergessen oder dich nie getraut?
- Gleichgültig wie alt du bist. Nimm Kontakt mit deinem inneren Kind auf.

Für meine Mutter zum Beispiel war es sehr wesentlich, noch im hohen Alter einen Drachenflug zu machen, im Fessel-ballon zu fahren, schnorcheln zu lernen, mit dem Computer umgehen zu lernen und nach Afrika auf eine Abenteuer-reise zu gehen.

Noch heute zehrt sie von diesen Erfolgen. Sie haben sie wachsen lassen. Ihr Selbstwertgefühl und ihr Stolz sind auf beeindruckende Weise gefestigt. Meine Mutter war es sich wert, jeden Tag in ihrem Leben noch so bewusst und wach und vor allem so erfolgreich zu erleben, wie es ihr nur möglich war.

Erst recht stolz ist sie darauf, dass sie den Mut gefasst hat, diese Dinge – trotz ihres Alters – anzugehen.

Sie empfindet sich als sehr erfolgreich.

Immer wenn du glaubst, dass es für dich bereits zu spät sein könnte, dann denke einmal an all die Zeit, die noch vor dir liegt. Wie willst du sie verbringen? Vielleicht bist du es dir ja wert, das Glück und den persönlichen Erfolg für den Rest deines Lebens einzufangen.

Jeder Tag ist es wert zu leben. Jeder kommende Tag in unserem Leben.

Meine Mutter entdeckte all diese Dinge erst, als sie all das abgelegt hatte, was andere von ihr erwarteten. Erst als sie das Bild, das sich andere von ihr gemacht hatten, beiseitegeschoben hatte, konnte sie für sich herausfinden, was sie selbst als Erfolg betrachtete. Erst als sie begann, sich in aller Ruhe zu erforschen, meldeten sich Sehnsüchte und Wünsche in ihr, die sie bis dahin erfolgreich unterdrückt hatte.

Wahrer Erfolg kommt immer von innen.

Wenn wir erkennen, wer wir wirklich sind und was wir wirklich wollen, spielt das Alter keine Rolle mehr. Bei der Selbstverwirklichung gibt es kein Alter.

Aber um zielsicher herauszufinden, wo in dir deine Lebensfreude und deine Kreativität stecken und wie deine wahren Wünsche und Sehnsüchte aussehen, ist es ganz hilfreich, einmal herauszufinden, wer du in Wirklichkeit bist.

Und damit kommen wir zum eigentlichen Kern dieses Kapitels.

Erfolg ist ...
unabhängig vom Alter das zu tun,
was einem Freude bereitet.

Wer bist du?

Wenn du nicht weißt,
wer du wirklich bist,
werden andere dir nur allzu gerne
ihre Version von dir erzählen.

Irgendwann
wirst du ihre Version
von dir glauben.

Vielleicht glaubst du ihnen ja schon.
Vielleicht hast du dich ja schon verloren.
Vielleicht lebst du bereits die Version von dir nach,
die andere von dir entworfen haben.

Dann mach dich auf den Weg,
auf den Weg
zurück
zu dir.

Es gibt nur eine Version von dir,
die du sein solltest:
deine eigene.

Wer bist du?

Entdecke, wer du bist
und vertraue darauf,
dass du alles, was du zum Erfolg benötigst,
bereits in dir trägst.

Viele Menschen machen sich nie wirklich Gedanken darüber, wer sie eigentlich sind. Dabei ist dies eine der Schlüsselfragen unseres Lebens.

Denn wenn du nicht weißt, wer du wirklich bist, woher sollst du dann wissen, was du wirklich willst oder warum du nicht das bekommst, was du dir wünschst? Wie können wir dann erkennen, ob unsere Wünsche und Vorstellungen vom Leben wirklich unsere sind und nicht die von anderen?

Erst wenn wir uns selbst kennen,
werden wir unseren eigenen Weg finden.

Erst dann können wir entdecken, welche Talente und Fähigkeiten in uns schlummern und darauf warten, von uns geweckt und eingesetzt zu werden.

Wenn du nicht weißt, wer du wirklich bist, werden *andere* dir nur allzu gerne ihre Version von dir erzählen. Genau genommen geschieht das ständig. Jeder in unserer Umgebung glaubt uns erzählen zu können, wer wir wirklich sind.

Und da wir keine Ahnung haben, wie unsere ursprüngliche Version von uns einmal war, beginnen wir tatsächlich, anderen zu glauben. Gleichgültig, ob sie die Wahrheit über uns sagen oder nicht.

Wenn du nicht weißt,
wer du wirklich bist, wirst du beginnen,
all den anderen zu glauben.

Genau genommen geschieht das schon seit langer, langer Zeit. Irgendwann in unserem Leben begannen wir die Wahrheit der anderen als unsere anzunehmen und haben uns selbst vollständig aus den Augen verloren.

Kein Wunder. Wenn wir nicht wissen, wer wir wirklich sind, werden wir zwar loslaufen, meist mit viel Aufwand und Getöse, aber da wir unseren eigenen, ganz persönlichen Weg nicht kennen, lassen wir uns nur allzu gerne von anderen an allen möglichen Weggabelungen zu deren Wegen verleiten. Und schon laufen und laufen wir, geraten immer mehr aus der Puste, werden unzufriedener, erhöhen den Kraftaufwand – wir wollen ja schließlich mal ankommen – und entfernen uns zunehmend von uns selbst. Irgendwann werden wir sogar vergessen haben, wer wir anfänglich einmal waren.

Vielleicht verlief dein Leben ja bisher auch so. Vielleicht hast du ebenso gekämpft und dich abgerackert und gearbeitet bis zur Selbstaufgabe. Aber es war nie genug. Vielleicht hast du dich ebenso müde und ausgelaugt gefühlt. Vielleicht auch überarbeitet und ausgenutzt. Dann wirst du wahrscheinlich irgendwann auch nur noch wenig Sinnhaftigkeit in deinem Tun entdeckt haben. Heute fällt uns nur noch auf, dass wir wesentlich weniger lachen als früher.

Womöglich bist du jetzt enttäuscht vom Leben. Vor allem enttäuscht, wie wenig erfüllend sich dein Leben für dich bisher gestaltet hat.

Wenn wir vergessen haben, wer wir anfänglich einmal waren, haben wir keinen Kontakt mehr zu unserem ursprünglichen Lebensweg. Wir haben uns verlaufen. Wir fühlen uns verloren und in beruflicher Hinsicht heimatlos. Heimatlos bedeutet aber nicht, dass wir keine Heimat mehr besitzen. Die Heimat gibt es natürlich immer noch.

Die Heimat ist immer in uns selbst.

Wir haben einfach nur den Kontakt zu unserer eigenen Quelle verloren.

Woher ich das alles weiß? Weil es mir ebenso erging. Auch ich hatte diesen Kontakt verloren.

Als ich mich zum ersten Mal mit der Frage »Wer bin ich?« zu beschäftigen begann, war ich als Schauspieler sehr erfolgreich. Ich hatte bis zu diesem Zeitpunkt an über 350 Filmen mitgewirkt. Aber trotz meines Erfolges war ich nicht glücklich, nicht beseelt. Ich war unzufrieden und wusste nicht, warum.

Die Beschäftigung mit dieser Frage brachte mir alle Antworten auf meine Unzufriedenheit. Die Frage »Wer bin ich?« hat in dieser Zeit viel in mir bewegt. Ich stellte plötzlich fest, dass mein Seelenwunsch schon immer etwas anderes gewesen und ich einfach nur in die Fußstapfen meiner Eltern getreten war. Ich bin einfach nur Schauspieler geworden, weil meine Eltern auch Schauspieler gewesen sind.

Aber meine ursprüngliche Leidenschaft hatte immer etwas anderem gegolten. Schon als Kind hatte ich begeistert Geschichten geschrieben. Schulaufsätze hatte ich über alles gemocht und sogar zu Hause weiter an den Formulierungen gebastelt. Ich hatte das Schreiben geliebt.

Urplötzlich erinnerte ich mich, dass ich als Kind noch gewusst hatte, dass ich Schriftsteller werden wollte.

Aber dann, im späteren Teenageralter, hatte ich mit meiner damaligen Partnerin ein Erlebnis, das diese Liebe zum Schreiben zum Absterben brachte. Ein Ereignis, das ich lange Jahre verdrängt hatte.

Damals hatte ich mich immer wieder gerne in unser Schlafzimmer zurückgezogen, um dort auf einer alten Schreibmaschine Geschichten zu schreiben. Eine war mir besonders gut gelungen. Sie handelte von einem jungen Paar, das sich zufällig in einem Zug gegenübersitzt und im anschließenden Gespräch immer mehr Gefühle füreinander entwickelt.

Ich hatte nur die ersten vier Seiten dieser Geschichte geschrieben, die sich zu einer großen Liebesgeschichte entwickeln sollte. Voller Stolz las ich meiner damaligen Partnerin diese Seiten vor. Aber anstatt dass ich Lob und zustimmendes Nicken erntete, begann sie zu weinen. Sie war nicht mehr zu beruhigen. Sie war überzeugt, ich wolle sie verlassen, ansonsten würde ich doch nie eine solche Geschichte erfinden.

Ich war damals so erschrocken über meine Schreibkunst, dass ich während dieser Partnerschaft nie wieder etwas

geschrieben habe. Ich wollte sie nicht erneut verletzen. Auch
später habe ich das Schreiben nicht wieder aufgenommen.

Ich hatte das einfach alles vergessen. Erst mit der Beschäftigung der Frage »Wer bin ich?« brach alles wieder auf.
Dreißig Jahre später. Durch diese einzige Frage.

Urplötzlich erinnerte ich mich wieder an die Freude, die
ich bis zu diesem Zeitpunkt am Schreiben gehabt hatte, und
begann innerhalb weniger Wochen wieder mit dem Schreiben. Ich holte meine alte Schreibmaschine aus dem Keller
und knüpfte an alte Zeiten an. Ich suchte sogar aus unserer
Abstellkammer aus einer hinteren Ecke diese uralten vier
vergrabenen Seiten hervor und gab sie Michaela zu lesen.
Sie war begeistert. Sie war berührt und unterstützte mich
in meinem Vorhaben.

Jetzt, wo die Sehnsucht wieder geweckt worden war, zog
ich mich immer öfters zurück und begann an einer kleinen
Liebesgeschichte zu arbeiten.

Seltsamerweise hatte ich anfangs die gleichen alten
Bedenken, dass ich durch meine Geschichten erneut jemanden verletzen könnte. Es war fast so, als hätten all die vergangenen Jahre gar nicht stattgefunden. Ich stieg erneut
in genau die gleiche Energie wie damals ein. Doch bereits
nach wenigen Seiten gewann die Lust am Schreiben immer
mehr die Oberhand. Ich stieg wieder in die Welt meiner
Gedanken ein, wobei mir dauernd die Worte von André
Heller im Kopf herumschwirrten: »Die wahren Abenteuer
sind im Kopf. Und sind sie nicht im Kopf, dann sind sie
nirgendwo.«

Ich hatte mich wieder gefunden. Vor allem fand ich die
verloren geglaubte Kraft und Kreativität in mir selber. Sie

war noch immer dort. Ich hatte sie nur vergessen und vergraben.

Bereits nach zehn Tagen hatte ich mein erstes Theaterstück fertig geschrieben. Nach zehn Tagen! Es war fast so, als hätten all die Worte und Sätze und Ideen nur darauf gewartet, endlich von mir formuliert zu werden. Ich war überglücklich. Ich war beseelt. Ich fühlte mich wie befreit und wurde wesentlich ausgeglichener. Ich wurde sogar ein wesentlich angenehmerer Partner für Michaela.

Darüber hinaus fand ich auf Anhieb einen Theaterverlag, der mit großer Freude das Theaterstück in seinen Katalog mit aufnahm. In den letzten Jahren wurde es immer wieder in verschiedenen Städten aufgeführt.

Das Schreiben brachte auch eine sehr wesentliche Wandlung in unsere Partnerschaft, die wir vorher nie für möglich gehalten hätten. Als unsere Tochter zur Welt kam, besaß ich nun die Freiheit, zum Hausmann zu werden. Michaela drehte mehrere Serien für das Fernsehen, und ich blieb zu Hause bei unserer kleinen Tochter. Ich genoss das Leben abseits vom Blitzlichtgewitter und entdeckte zusammen mit meiner Tochter andere, völlig neue Werte. Ich war erfüllt von meiner Kreativität und all den Dingen, die ich nun aus dem Blickwinkel unseres Kindes betrachtete. Das Leben hatte einen Sinn. Einen tiefen, wundervollen Sinn. Ohne die Möglichkeit, meine Talente zu leben, hätte ich nicht zu dieser inneren Zufriedenheit gefunden.

Ich hatte herausgefunden,
was mir Freude bereitet und was mein Potenzial ist.

Als ich wusste, wer ich in Wirklichkeit bin, hatte ich wieder Zugang zu all meinen vergrabenen Talenten und begann dort anzuknüpfen, wo ich meinen eigenen Weg verlassen hatte.

Der wichtigste Schritt auf dem Weg zum Erfolg führt also zwangsläufig zu uns selbst und der Frage: »Wer bin ich?«

Erst wenn wir diese Frage beantworten können, folgt die zweite Frage: »Was will ich?« Wobei die Betonung auf *ich* liegt und nicht: »Was wollen *andere,* das ich tue?«

Wenn wir diese Frage für uns nicht beantworten können, werden wir uns *unterwegs* höchstwahrscheinlich verlieren. Manchmal bemerken wir nicht einmal, dass wir uns verlaufen haben.

So erging es auch dem jungen Mann, der sich eines Tages bei einem meiner Einzelcoachings anmeldete. Er hatte ein Buch geschrieben, aber der erhoffte Erfolg war ausgeblieben. Alle Verlage hatten dankend abgelehnt. Und nun wollte er wissen, wie er in dieser Angelegenheit am schnellsten zum Erfolg kommen könnte.

Als Erstes beschäftigten wir uns mit der Frage, die ich mir selbst auch immer wieder stelle. Warum er denn Erfolg haben wolle? Er lächelte verwundert und zeigte deutlich, dass er diese Frage für überaus unnötig hielt. »Das weiß doch jeder, warum man Erfolg haben will.«

Als wir uns jedoch weiter mit dieser Frage beschäftigten, begann seine anfängliche Selbstsicherheit zu verblassen, und sein Lächeln bekam einen Hauch von Verlegenheit. Er schwieg lange und überlegte. Schließlich kam er auf eine absolut plausible Erklärung.

»Weil ich Geld verdienen muss.«

»Es gibt Tausende von Möglichkeiten, Geld zu verdienen. Warum muss es bei dir ein Buch sein?«

Er überlegte wieder lange, sah aus dem Fenster und betrachtete den Regen, der an der Scheibe herabperlte.

Dabei hätte es unendlich viele Antworten auf diese simple Frage gegeben. … Weil Schreiben seine größte Sehnsucht war. Weil er schon immer schreiben wollte, schon als kleines Kind. Weil er etwas mitzuteilen hatte. Weil er Freude beim Schreiben empfand …

Wenn jemand von seinem Tun erfüllt ist, dann fängt er auf der Stelle Feuer, wenn er davon berichten darf. Seine Augen strahlen und manchmal bereut man es, so eine Frage gestellt zu haben, weil man selber kaum mehr zu Wort kommt.

Aber dieser junge Mann sagte nichts von alledem. Seine Augen strahlten auch nicht. Seine Antwort auf meine Frage war eine ganz andere. »Weil das naheliegend ist.«

Auch wenn die Antwort zunächst verblüffen mag, so steckt doch gerade in dieser Antwort eine tief sitzende Wahrheit.

Das Naheliegende ist oftmals die alleinige
Motivation für einen Berufswunsch.

In unserem weiteren Gespräch erzählte er mir, dass sein Vater für eine Zeitschrift schreibe. Er sei Journalist. Ein ganz guter sogar, aber sein Talent habe nie für ein Buch ausgereicht. Das Verhältnis zu seinem Vater beschrieb er als nicht besonders gut. Dennoch besuchte er auf Drängen des Vaters ebenfalls die Journalistenschule. Ihm sei auch nichts

Besseres eingefallen, sagte er. Er habe diese Schule nie wirklich gemocht und als regelrecht anstrengend empfunden, aber was soll's. Es gibt Schlimmeres.

Je länger wir darüber redeten, umso deutlicher konnte er selbst erkennen, dass er viele Gründe hatte, ein Buch zu schreiben – um die Anerkennung seines Vaters zu erhalten, um anderen zu beweisen, dass er Talent hatte, um nicht als Versager dazustehen, aber auch weil in seiner Familie alle irgendwie mit dem Schreiben zu tun hatten. Bücher waren immer sehr wesentlich im Leben seiner Eltern gewesen. Gründe, ein Buch zu schreiben, gab es für ihn viele, aber kein einziger hatte wirklich etwas mit seinem ganz eigenen Lebensplan zu tun. Es war einfach der naheliegende Weg gewesen. Ein Weg, den alle anderen als gut empfunden hätten.

Der naheliegende Weg entspricht
nicht unbedingt dem eigenen Lebensplan.

Von Minute zu Minute wurde die offene Wunde klarer. Er wusste sehr genau, was alle anderen von ihm erwarteten, aber er hatte keine Ahnung, was er selber wirklich wollte.

»Was willst *du*?« Diese Frage stand im Raum. Lange sah er aus dem Fenster. Dann, nach Ewigkeiten, kehrte er mit seinen Gedanken wieder zu mir zurück.

»Ich weiß es nicht.« Er zuckte hilflos mit den Schultern, und seine Stimme hatte einen Hauch von Trauer bekommen. In diesem Moment hatte er vollständig erkannt, dass er seinen eigenen Pfad vor langer Zeit aufgegeben und verloren hatte.

Und weil ihm keine alternative Lösung einfiel und er

nicht auf viele verlorene Jahre zurückblicken wollte, sagte er fast hilflos trotzig: »Aber ich hab doch schon so lange an diesem Buch geschrieben.«

»Ist das ein Grund, es noch länger zu tun?«

Er schwieg wieder eine Weile und dachte angestrengt nach. Seine Stirn bekam tiefe Falten. Dann sah mich ein kleiner, trauriger Junge an. Viele von uns kennen dieses kleine, traurige Kind in sich. Irgendwann einmal haben wir es aus unseren Augen verloren. Wir haben es weggepackt oder ganz bewusst verdrängt. Denn es erinnert uns zu sehr an unsere Niederlagen.

*Dieser kleine Junge oder das kleine Mädchen in dir
weiß immer noch, was er bzw. sie gerne möchte.*

Irgendwann haben wir tausend Gründe gefunden, nicht mehr auf dieses kleine Kind zu hören. Die Gründe waren damals bestimmt sehr wesentlich, ansonsten hätten wir doch weiterhin unseren eigenen Pfad verfolgt.

Aber jetzt stell dir mal vor: Was wäre, wenn diese Gründe von damals heute vielleicht gar nicht mehr existieren, wir aber immer noch fremde Ziele verfolgen?

Klingt verrückt. Und dennoch, viele von uns tun das. Kein Wunder. Wir kennen ja nichts anderes. Wir haben ja den Kontakt zu unserem kleinen traurigen Kind verloren. Dann gilt es einfach dort wieder anzuknüpfen, wo wir den Weg aus den Augen verloren haben.

Wie oft versuchen wir den folgenden Fragen nachzugehen? Wieso denke ich so, wieso fühle ich auf diese Weise, wieso reagiere ich so und nicht anders? Warum interessiere ich mich für bestimmte Dinge, während ich zu anderen überhaupt keinen Zugang habe?

Dies herauszufinden ist relativ einfach. Wir brauchen uns nur ein bisschen mit der Frage zu beschäftigen, wer wir eigentlich sind. Wenn wir uns selbst auf die Schliche kommen wollen, gilt es einfach nur die richtigen Fragen zu stellen. Und die Antworten aufzuschreiben. Dann liegt der Plan unseres Lebens vor uns. Wir erkennen die Ursachen unserer Anlagen, unseres Charakters.

Erst wenn wir wissen, wer wir sind, können wir uns zu dem Menschen hin verändern, der wir gerne sein wollen.

Als ich gemeinsam mit dem jungen Mann auf die Suche nach *seinen* Antworten ging, stellten wir fest, dass er alle Antworten bereits besaß.

Dieser junge Mann ist heute übrigens sehr erfolgreich. Nein, er schreibt keine Bücher. Er hat etwas wesentlich Besseres gefunden: Er hat einen kleinen alternativen Buchverlag gegründet und lässt andere für sich schreiben. Und das sehr erfolgreich. Denn damit vereint er all seine Talente.

Wenn wir nicht wissen, wer wir sind, werden wir keinen Kontakt zu unseren wahren, ganz eigenen Hoffnungen und Träumen machen. Dann kann es zwar sein, dass wir es tatsächlich schaffen, erfolgreich zu sein, aber mit ziemlicher Sicherheit wird sich dabei das Gefühl von Glück und innerer Zufriedenheit nicht einstellen.

Denn nur selten ist es der Erfolg an sich, den wir zu erreichen versuchen. Meistens verstecken sich hinter der Sehnsucht nach Erfolg ganz andere Hoffnungen und Träume. Um diese herauszufinden, sollten wir erst einmal entdecken, wer du eigentlich bist.

Ich werde dir nun sagen, wie ich all die wichtigen Antworten für mich gefunden habe. Es ist genau der gleiche Weg, wie ich ihn gemeinsam mit dem jungen Mann gefunden habe. Und mit vielen anderen Menschen, die heute sehr erfolgreich und glücklich sind. Vielleicht findest du deine Antworten ja auch auf die gleiche Weise.

Gehe heute Abend mal ein bisschen dem Gedanken nach, wer du in Wahrheit bist. Nimm die Frage aber nicht zu ernst. Gehe eher spielerisch heran. Wir wollen uns ja nicht überfordern. Es könnte ja sein, dass wir uns zum ersten Mal mit der wichtigsten Person in unserem Leben beschäftigen. Und wir beide wissen schon jetzt, wer das sein mag.

- Schließe die Augen oder betrachte dich in aller Ruhe im Spiegel und stelle dir immer wieder die Frage: »Wer bin ich?«
- Sieh dir deine Kindheit an.
- Und die Entwicklung, die du gemacht hast.
- Erinnere dich, wie es früher mal war. Vielleicht hast du Fotos von früher.
- Erinnere dich, wer du früher warst. Erinnere dich, wer du werden wolltest. Und betrachte, wer du jetzt bist.
- Was ist anders?
- Haben sich deine Wünsche erfüllt?
- Bist du der/die geworden, der/die du werden wolltest?
- Gibt es einen Unterschied zwischen dem, was du werden wolltest, und dem, was du heute bist?

Wenn wir diesen Fragen nachgehen, kann es sein, dass wir anfangs traurig werden. Vielleicht blicken wir auch mit

Wehmut auf viele verpasste Chancen zurück. Lass all diese Gefühle zu. Sie waren schon immer da. Du hast bisher nur geleugnet, sie zu haben.

Wenn wir diese Gefühle zulassen, beginnen wir auch wieder uns selbst zuzulassen. Wir beginnen uns zu erinnern, wie kraftvoll und lebendig wir einmal gewesen sind. Diese Lebendigkeit ist noch immer in uns. Wir haben sie nur schlafen gelegt. Wir haben einfach irgendwann einmal aufgehört, uns selbst zuzuhören. Wir haben begonnen, anderen mehr Glauben zu schenken als uns selbst, und verloren uns selbst immer mehr aus den Augen.

Wir sind also irgendwann einmal stecken geblieben. Mach dir keine Gedanken. Jeder von uns ist das. Ich ebenso wie du. Vielleicht ist es jetzt einfach nur wieder an der Zeit, dort anzuknüpfen, wo wir an Fahrt verloren haben. Und dies ist leichter, als wir denken. Gehe einfach einige Zeit der Frage nach: »Wer bin ich?« und notiere dir deine Antworten.

Wenn wir beginnen, uns selbst wieder nahezukommen, erhält unser Leben wieder eine Sinnhaftigkeit. Wir bekommen eine Ahnung davon, was möglich wäre. Wir erhalten etwas, was uns schon lange gefehlt hat. Klare Ziele und Visionen.

Erfolg ist ...
zurück zu seinem
eigenen Weg zu finden.

Hinter diesen drei Fragen verbirgt sich dein Erfolg.
Was ist Erfolg für dich?
Warum willst du erfolgreich sein?
Wer bist du?

Wenn du Antworten auf diese drei Fragen findest,
öffnest du die Türen zum Erfolg ganz weit.

Vielleicht stößt du diese Türen ja überhaupt
zum allerersten Mal in deinem Leben auf.

Wenn diese Türen offen sind,
können wir hindurchschreiten
und uns auf den Weg machen.

Wir können beginnen.

3

Erfolg ist ...
einfach zu beginnen

Gewinnen beginnt mit Beginnen.

William Shakespeare

Nutze die Kraft der Entscheidung

Wenn du eine Entscheidung treffen musst
und du triffst sie nicht,
ist das auch eine Entscheidung.
WILLIAM JAMES

Der wesentlichste Punkt auf dem Weg zum Erfolg ist es, eine Entscheidung zu treffen. Wir müssen uns klar und deutlich dafür entscheiden, wieder am Leben teilzunehmen. Wir müssen bereit dazu sein, wieder auf die Erfolgsspur kommen zu *wollen*. Diese Entscheidung kann dir niemand abnehmen.

Der erste Schritt,
uns wieder auf die Erfolgsspur zu bringen,
beginnt damit,
dass wir eine Entscheidung fällen.

Solange wir hin und her überlegen, sind wir wenig fokussiert. Erst durch die Entscheidung beginnt die Veränderung. Der Augenblick der Entscheidung ist sehr wesentlich. Er ist ein Wendepunkt in deinem Leben. Erst durch die Entscheidung bauen wir einen inneren Willen in uns auf.

Und das Wesentlichste: Erst durch den Willen bekommen unsere Gedanken etwas Zielgerichtetes. Allein durch unsere Entscheidung lenken wir unser Bewusstsein auf bestimmte Aktivitäten. Erst jetzt haben wir wieder ein lohnenswertes Ziel vor Augen. Und … Ziele erzeugen in uns Glücksgefühle. Denn wenn wir wieder Ziele haben, produziert unser Gehirn den Botenstoff Dopamin, der in der Allgemeinsprache als Glückshormon bekannt ist. Durch dieses Glückshormon wird nicht nur unser Wohlbefinden gesteigert, sondern wir werden auch noch für unsere Entscheidung, am Leben wieder teilzunehmen, mit Glücksgefühlen *belohnt*. Wenn wir eine Entscheidung fällen, geht es uns also sofort wesentlich besser. Bedenke dabei aber immer:

> *Nur du selbst kannst dich dort herausholen,*
> *wo du dich gerade befindest.*

Wenn du beginnen möchtest, wieder erfolgreich zu sein, solltest du eine Vereinbarung mit dir selbst treffen.

- Fasse einen deutlichen Entschluss. Nimm dir dafür Zeit. Gehe nicht einfach darüber hinweg. Diese Aufforderung an dich selbst ist bindend. Suche dir dafür einen ruhigen Moment aus. Mach es zu einem besonderen Augenblick.
- Schließe die Augen oder betrachte dich im Spiegel. Und dann triff eine Vereinbarung mit dir selbst.
- Entscheide dich klar und deutlich.
- Schreibe in dein kleines Büchlein deine Abmachung mit dir selbst hinein, zum Beispiel: »Heute vereinbare ich mit mir selbst, dass …«

- Gehe mit dem Bewusstsein schlafen, dass sich nun dein Leben ändert.
- Freue dich über deine Entscheidung.

Erfolg ist ...
sich klar und kraftvoll
zu entscheiden.

Wenn wir die Schule verlassen
haben wir etwa 80 000 Arbeitsstunden vor uns,
bevor wir in die Rente geschickt werden.

Was möchtest du in diesen Stunden tun?

Was ist deine Vision vom Leben?

Setze dir anfangs kleine Ziele

Wege entstehen dadurch,
dass man sie geht.
FRANZ KAFKA

Wenn wir uns entschieden haben, uns selbst wieder in die Erfolgsspur zu bringen, ist es ganz wesentlich, sich nicht mit viel zu hohen Zielen und Erwartungen zu überfordern. Ist das Ziel zu weit gesteckt oder viel zu illusorisch, werden wir schnell auf halbem Weg schlappmachen. Vor allem wenn wir keine Übung im Verwirklichen von Zielen haben.

Wenn wir zunächst nur mit kleinen Veränderungen beginnen, dann schöpfen wir mit jedem kleinen erfolgreichen Schritt immer mehr Kraft und Zuversicht und erhalten zunehmend Motivation, an dem eigenen, neuen Erfolgsweg festzuhalten.

Erfolg beginnt nicht immer bei den großen Dingen.

Auch wenn wir davon träumen, groß herauszukommen, beginnt jeder Erfolg zunächst mit ganz kleinen Schritten. Unser Ziel ist es schließlich, mit Leichtigkeit aus der Erfolglosigkeit herauszukommen. Vor allem aber – und das ist sicherlich das Wesentlichste – wollen wir später auch erfolgreich *bleiben*.

Dies geht am besten, wenn wir uns mit vielen kleinen Schritten dem gewünschten Langzeitziel nähern und jedes Mal durch Kraft, Energie und Motivation belohnt werden, die uns wiederum anspornen weiterzumachen.

Ganz gleich, wo du dich jetzt befindest oder wie lang der Weg auch sein mag, Erfolg beginnt immer mit dem *ersten* Schritt. Wenn es dir jetzt zum Beispiel wirklich schlecht geht, dann ist es am besten, dir zunächst ganz kleine Ziele zu setzen. Sie können anfangs noch so bescheiden sein. Deswegen sind sie nicht minder kraftvoll und hilfreich.

Denn das Erreichen eines noch so kleinen Ziels
schenkt dir Energie und Kraft und Glückshormone.

Bereits das *Setzen* von kleinen Zielen schenkt Motivation. Bereits nach dem Erreichen des ersten kleinen Ziels – so bescheiden es sich auch anhören mag – bekommst du weitere Energie, um das nächste kleine Ziel anzugehen. Das wirklich Wesentliche hierbei ist, dass wir nicht länger mental in der Hoffnungslosigkeit verweilen, sondern uns gedanklich mit dem *Herauskommen* aus dem Tief beschäftigen.

- Beschreibe deine Ziele so klar und genau wie möglich. Was möchtest du heute tun? Oder morgen.
- Notiere dir den Zeitpunkt sehr genau in deinem Büchlein. Das ist jetzt dein wichtigster Termin. Er ist der erste Schritt zu deinem künftigen Erfolg. Ohne diesen ersten Schritt wird sich nichts verändern.
- Ein Ziel könnte sein, zu einer festgelegten Zeit aufzustehen. Oder aufzuräumen. Oder mit einer ganz bestimmten

Tätigkeit zu beginnen. Vielleicht ist ein Ziel von dir, ein ganz bestimmtes Buch zu lesen. Oder zu joggen oder ein aufgeschobenes Telefonat zu führen.

- Setze deine Ziele in erreichbaren Etappen um.
- Halte den Zeitrahmen deiner Ziele ein. Schaffst du es nicht, setz dir kleinere Ziele.
- Nach Erreichen deiner ersten Ziele kannst du dir neue Ziele setzen.
- Belohne dich nach Erreichen deines Zieles mit Worten. Klopf dir selber auf die Schulter.

Der erste Schritt ist bekanntlich der schwerste. Gerade deshalb sind kleine Ziele anfangs sehr sinnvoll. Und sei dir auch bewusst, dass es auf diesem Weg immer wieder Unsicherheiten gibt. An einem Tag sind wir ganz von uns überzeugt und stark und voller Zielstrebigkeit, am nächsten Tag fühlen wir uns verwirrt und unentschieden. Diese emotionalen Schwankungen sind völlig normal. Schließlich beschreiten wir unbekanntes Gebiet.

Beginne mit den leichtesten Dingen. Aber beginne. Nur wenn du beginnst, wirst du dich verändern. Die Veränderung wird allumfassend sein. Größer als du jetzt ermessen kannst. Sie wird Schritt für Schritt in deinem Leben Platz nehmen.

Jetzt aber gilt es einfach nur zu beginnen. Fang einfach damit an. Wenn du gleich weiterliest, wirst du es nicht machen. Wir beide wissen das. Also, klappe das Buch zu.

Schließe kurz die Augen und entscheide dich,
dich auf die Erfolgsspur zu bringen.

Und dann nimm dir eine ganz bestimmte Sache für heute oder morgen vor.

Erfolg beginnt bei dir. Er beginnt mit den kleinen Schritten. Mit Schritten, die uns ermutigen, die uns stärken und uns zeigen, dass wir unsere Kräfte wieder bündeln können.

Wir können es. Wir schaffen es. Wir entwickeln für unsere Vorhaben genügend Selbstdisziplin und erschaffen ein neues Fundament, auf dem sich unser Erfolg aufbauen kann.

Erfolg ist ...
mit kleinen Schritten
Geschwindigkeit aufzunehmen.

Warte nicht, bis alles genau richtig ist.
Es wird niemals perfekt sein.
Es wird immer Herausforderungen, Hindernisse
und nicht optimale Bedingungen geben.
Na und?

Fang jetzt an.
Mit jedem Schritt, den du unternimmst,
wirst du stärker und stärker,
immer geschickter,
immer selbstbewusster
und immer erfolgreicher.

Mark Victor Hansen

Perfektion ist eine Illusion

Es ist besser,
unvollkommen anzupacken,
als perfekt zu zögern.
Thomas Edison

Natürlich wollen wir gerne erfolgreich sein. Wir wollen sogar gerne *sehr* erfolgreich sein. Und genau in diesem kleinen Wörtchen *sehr* finden wir meist auch den größten Hinderungsgrund, einfach mal zu beginnen.

Es ist der Drang nach Perfektionismus.

Wenn wir Dinge perfekt oder außergewöhnlich gut machen wollen, werden wir meist am eigenen Anspruch scheitern. Unser Vorhaben soll uns so gut, so großartig, so einmalig gelingen, dass wir natürlich Angst haben, dies nicht zu schaffen.

Meist merken wir gar nicht, dass wir im Perfektionismus gefangen sind. Wir grübeln einfach nur endlos über die ersten Schritte. Wir wollen nicht nur überzeugend sein, wir wollen, dass es fantastisch wird. Es soll die Leute umhauen. Sie sollen uns bewundern und staunend ansehen. Keiner von ihnen soll gedacht haben, dass wir zu so etwas Tollem fähig sind.

Das Problem ist, dass wir selber nicht denken, dass wir dazu fähig sind. Es fehlt immer noch ein bisschen. Ein bisschen an Vorbereitung, an Recherche, an genialen Einfällen, oder am perfekten Umfeld. Wir wollen größer, besser, toller sein als alle anderen.

Wenn wir perfekt sein wollen,
wollen wir meistens etwas beweisen.

Sehr oft laufen wir noch der Bewunderung unserer Kindheit nach. Wir wollen dann unserem Vater oder unserer Mutter beweisen, wie toll wir sind. Wir tragen dann noch immer in uns den Gedanken, dass wir so, wie wir sind, nicht genügen. Deswegen muss eine außergewöhnliche Leistung her. Zu der wir aber – so denken wir tief in unserem Inneren – nicht fähig sind.

Und so warten wir auf den genialen Einfall, die perfekten Umstände. Dabei gibt es nur eins, was wir tun müssten. Einfach anfangen. Wir müssen nicht perfekt sein. Auch nicht außergewöhnlich, wir müssen einfach nur anfangen. Wir müssen einfach das tun, was uns Freude bereitet. Freude ist der beste Motor, um gute Dinge zu schaffen.

So mancher beginnt auch voller Euphorie, der eigene Perfektionismus verhindert aber sehr oft, dass wir Dinge abschließen. Immer gibt es noch etwas zu verbessern, ewig gibt es etwas weiterzuentwickeln. Natürlich gibt es das. Auch wir entwickeln uns weiter und damit fällt uns immer wieder etwas auf, was wir mit unserem neuen Bewusstsein verbessern könnten. Aber auf diese Weise wird es nie in die Welt entlassen. Wir behalten es für uns.

Perfektionismus verhindert das Loslassen.

Perfektionisten leiden an ihrem eigenen Anspruch. Es fällt ihnen schwer, überhaupt zu beginnen ... oder endlich loszulassen. Und weil ihnen das nicht gelingt, versinken sie immer tiefer in ihrem mangelnden Selbstwertgefühl. Mit jedem Tag steigen die Selbstzweifel und die Selbstverhinderungsprogramme.

Wie kann man dann den ersten Schritt machen?

Für viele liest sich das einfacher, als es in Wirklichkeit für sie ist. Die Antwort lautet: einfach beginnen. Und zwar mit dem Vorhaben, es niemanden wissen zu lassen. Und mit der Gewissheit, dass wir mit der Beschäftigung in die Aufgabe hineinwachsen. Oftmals entwickeln sich erst mit der Beschäftigung die guten Ideen, die Lösungsmöglichkeiten oder die neuen Wege, die es zu beschreiten gilt. Erst mit der Entscheidung loszugehen öffnen wir uns für all die Informationen, die wir auf unserem Weg benötigen.

Sehr oft werden wir unsere ersten Versuche wieder verwerfen. Das ist nicht verwunderlich. Denn bei den ersten Schritten nagten ja noch all die Selbstzweifel an uns. Wir fühlten uns nicht groß genug, nicht vorbereitet genug, und das zeichnet sich auch in unserer Arbeit ab.

Aber wir entwickeln uns, wenn wir die ersten holprigen Schritte zulassen. Ja, die ersten Schritte werden nicht perfekt sein. Das müssen sie auch nicht.

Erinnere dich, wie du laufen gelernt hast. Da waren die Freude und die Begeisterung der Motor. Du warst wackelig, du bist immer wieder hingefallen, und es war belustigend, dir zuzusehen. Und heute? Trotz des nicht perfekten Beginns kannst du außergewöhnlich gut laufen!

Wir wachsen mit den Aufgaben.
Wir entwickeln uns mit unseren ersten Schritten.

Vertrau deiner eigenen Entwicklung. Fang einfach an. Es muss niemand dabei sein. Beginne einfach nur für dich. Halte dir stets vor Augen, dass es nicht großartig sein muss. Du tust einfach nur das, was dir Freude bereitet. Niemand muss deswegen vor Begeisterung vor dir auf die Knie fallen. Du tust das, was deiner Sehnsucht entspricht.

Du tust es in erster Linie für dich. Weil es Spaß macht. Weil es dir entspricht. Weil es der Ausdruck deiner Freude ist.

Egal ob du künstlerisch tätig sein möchtest oder eine Sprache lernen willst, ob du eine Familie gründen, einen neuen Beruf ausüben oder neue kreative Ideen in deinem Büro umsetzen möchtest. Fang einfach damit an. Und vertraue darauf, dass du mit deinen Aufgaben wächst.

Perfektion ist eine Illusion.

- Versuche nicht, perfekt zu sein. Dadurch wird die eigene Messlatte so hoch gelegt, dass man ständig am eigenen Anspruch scheitern wird.
- Wenn wir perfekt sein wollen, sind wir auch meist sehr unzufrieden, weil wir nie das erreichen, was wir von uns erwarten.
- Wenn wir perfekt sein wollen, erwarten wir dies natürlich auch von unserem Umfeld. Da dieses aber niemals perfekt sein kann, sind wir nicht sehr einverstanden mit der Leistung der anderen.

- Natürlich können dann auch unsere Lebenspartner nie unsere hohen Ansprüche erfüllen. Meist trennen wir uns dann tief enttäuscht von ihnen.
- Sei gnädig mit dir selbst. Fehler sind ganz normal.
- Vergleiche dich nicht mit anderen. Jeglicher Vergleich lässt dich kleiner erscheinen, weil du dich nur nach oben orientierst. Also dort, wo du erst noch hinmöchtest.
- Sei mit dem zweiten oder dritten Platz zufrieden.
- Du musst nicht besser sein als andere. Du musst immer nur du selbst sein.
- Bewerte nicht ständig deine eigene Leistung.
- Gehe auf die Suche nach deiner Freude.
- Und … fang einfach an.

**Erfolg ist …
einfach zu beginnen.**

4

Erfolg ist ...
den eigenen
Weg zu finden

Die Ziele sind so verschieden wie die Menschen.

Kein Ziel ist generell besser oder schlechter,
größer oder kleiner,
wertvoller oder nutzloser.

Ziele sagen nur etwas über uns aus.
Sie erzählen etwas von unserer Erziehung,
unseren Eltern, unserem Umfeld.
Manchmal auch von unseren Minderwertigkeitsgefühlen.

Ziele helfen uns voranzukommen.

Manchmal wollen wir auch nur weg.
Dann haben wir gar kein richtiges Ziel vor Augen.
Sondern nur den dringlichen Wunsch
nach Veränderung.

Ziele werden bestimmt von unseren Sehnsüchten.
Sehnsüchte kommen aus der Tiefe unseres Wesens
und leiten unsere Schritte.

Nicht jeder sehnt sich nach Geld oder Ansehen
oder nach dem Vorsitz in einer Firma.

Erst wenn wir den Ursprung
der Sehnsüchte kennen,
kommen wir der Wahrhaftigkeit
unserer Sehnsüchte nahe.

Manchmal sehnen wir uns auch nur nach Dingen,
weil man sie uns vorgegeben hat.

Dann sind das gar nicht deine Sehnsüchte.
Was also sind *deine* wahren Sehnsüchte?

Höre nicht auf das, was andere sagen

Es gibt nur eine Art von Erfolg –
sein Leben so zu führen, wie man möchte.
CHRISTOPHER MORLEY

Wenn wir etwas Neues in unserem Leben beginnen wollen, gilt es nicht nur mit den eigenen Vorurteilen über sich selbst aufzuräumen, sondern auch mit den Vorurteilen anderer Menschen fertigzuwerden. Und die sind manchmal massiver, als wir denken. Und dies hat einen guten Grund.

Wir haben bisher unser Leben nach unseren ganz persönlichen Vorlieben, Maßstäben und unserem individuellen Weltbild eingerichtet.

Wir alle haben bisher ein Bild von uns abgegeben,
nach dem sich andere richten konnten.

Als logische Folgerung davon steckte man uns – ganz unbewusst – in eine Schublade. Wir machen dies ebenso. Auch wir packen unsere Mitmenschen in gedankliche Schubladen. Auch wir haben ein Bewertungssystem, in das wir unser Umfeld einordnen.

Wir halten die Menschen um uns herum entweder für lustig, ehrgeizig, ungeduldig oder faul. Wir finden den einen vielleicht unbeholfen, der andere ist uns zu langsam. Jedem

Menschen in unserer näheren Umgebung geben wir Attribute mit auf den Weg. Das macht sie für uns verlässlicher. Wir stellen uns auf sie ein und wissen, was wir von ihnen zu erwarten haben.

Wir wissen zum Beispiel, dass Onkel Sebastian stets unpünklich ist, unser Freund Hans nichts auf die Reihe kriegt, trotzdem aber immer alles besser weiß und dass Manuela schon in der dritten Ehe steckt und Gabi Bindungsängste hat.

So ein stillschweigendes Urteil ist an sich nichts Schlechtes.

Dieses Bewertungssystem hilft uns,
mit unseren Mitmenschen besser umgehen zu können.

Wie diese unsichtbare Einstufung ausfällt, das zeigt sich stets an unserer Erwartungshaltung. Wenn jemand nicht kochen kann, dann fordern wir das auch nicht ständig von ihm. Und wenn wir bei ihm eingeladen sind, erwarten wir mit Sicherheit kein Prunkmahl.

Wenn wir wissen, dass Hans zwei linke Hände hat, kann uns das sehr zugutekommen, weil wir plötzlich in unserer handwerklichen Fähigkeit auftrumpfen können. Und wenn Marion nichts auf die Reihe kriegt, dann ärgert uns das vielleicht, aber es lässt uns dafür auch wesentlich besser aussehen. Oder wenn Irene ungern Sport treibt, haben wir vielleicht dadurch eine Partnerin für gemeinsame Kinoabende.

Wir haben uns eingespielt. Wir haben uns ein Bild gemacht und wir wissen, wo in diesem Bild wir hineingehören.

Wir haben in diesem Zusammenspiel unseren Platz gefunden.

Manchmal behagt uns dieser Platz nicht. Denn nicht immer ist dieser Platz voller Bewunderung und Anerkennung. Aber auch wenn unsere Position uns nicht in allen Bereichen beglückt oder wir uns manchmal sogar missverstanden oder zu wenig beachtet fühlen – unser Leben ist verlässlich und überschaubar geworden. Die Unsicherheiten haben nachgelassen. Das beruhigt. Wir sind nicht alleine. Wir sind aufgehoben in einer Gruppe, unserer Wahlfamilie. Das macht das Leben nicht nur erträglicher, es sichert auch unser Überleben. Eingefügt in einem Familienverband haben wir mehr Chancen, unbeschadet das Leben zu bestehen.

Der Vorteil so eines Familienverbandes ist gleichzeitig aber auch ein großer Nachteil. Auch die anderen wissen, wie sie die Mitglieder dieser Gruppe zu behandeln haben und was von ihnen zu erwarten sei. Das wissen sie auch von uns. Sie haben sich also von uns ein Bild gemacht, uns eingeordnet und für sich einen Platz gefunden, in dem sie sich sicher und geborgen fühlen.

Wenn wir uns aber nun verändern, gerät das bisherige Machtgefüge durcheinander. Und das gefällt niemanden. Beobachte einfach einmal dich selbst, wenn sich in deinem Umfeld etwas verändert. Wie geht es dir, wenn andere Menschen plötzlich wachsen und »größer« werden? Wenn deine beste Freundin zum Beispiel plötzlich den wundervollen Traumpartner findet und du sie nur noch selten siehst? Wenn Katrin, die Schüchterne, an Selbstvertrauen gewinnt und ihren Traumjob bekommt, den sie sich schon immer gewünscht hat, und du noch immer im gleichen alltäglichen Trott steckenbleibst? Oder wenn sie eine Reise gewinnt, die du dir nicht leisten kannst? Oder Erfolg im Beruf hat und in eine größere Wohnung ziehen kann, während du noch immer in deinem kleinen Appartement bleiben darfst? Oder wenn andere Kinder kriegen, während dir noch immer der geeignete Partner dazu fehlt? Oder wenn jemand anders plötzlich abnimmt, während wir unser Übergewicht nicht in den Griff kriegen?

Warum ich dir das unter diesem Blickwinkel erzähle? Weil ich dir zeigen möchte, dass dieses Unbehagen nur zu verständlich ist. Es geht uns nicht gut dabei, wenn andere das erreichen, was wir selbst nicht haben »können«.

Jede Veränderung von anderen
zwingt auch uns zu einer Veränderung.

Und diese Veränderung ist unangenehm. Wir befürchten, dass wir auf der Strecke bleiben. Wir fühlen unseren Mangel noch stärker und haben Angst, einen geliebten Menschen zu verlieren. Wenn andere gewinnen, verlieren wir. Zumindest befürchten wir das.

Jeder Widerstand in deinem Umfeld, der dir immer dann entgegengebracht wird, wenn du dich verändern möchtest, gründet sich auf diese Verlustängste und Sorgen. Höre deshalb nicht auf andere, sie wollen nicht, dass du dich verbesserst. Aber sie tun es nicht, weil sie dich nicht mögen oder es dir nicht gönnen. Sie haben nur Angst, etwas Geliebtes zu verlieren.

Wenn andere dir also deine neuen Ziele ausreden wollen,

wenn sie sie für unrealistisch halten, für überzogen oder
größenwahnsinnig oder vielleicht sogar für lächerlich oder
gefährlich oder undankbar, dann höre nicht auf sie. Sie meinen gar nicht dich. Sie sehen dich gar nicht. Sie sehen nur
sich selbst und wissen nicht, wie es dann mit ihnen wei-
tergeht.

Andere sehen nur das Bild,
das sie sich bisher von dir gemacht haben.

Manchmal fällt es uns daher leichter, das bestehende
Umfeld sogar ganz zu verlassen. Zumindest für einige Zeit.
In einer fremden Umgebung gibt es diese »Vorurteile« und
festen Meinungen über uns noch nicht. Niemand zwingt
uns zurück auf alte Pfade. Niemand betrachtet uns mit den
Augen der Vergangenheit.

Allein ein Seminar an einem Wochenende in einem ganz
anderen, »wohlwollenden« Umfeld bestärkt uns auf unge-
ahnte Weise. Oder eine Studienreise mit unbekannten
Gleichgesinnten.

Mir erging es ganz ähnlich. Als ich mich zu einer Veränderung entschlossen hatte und meinem Traum nachgehen wollte, Bücher zu schreiben, bekam ich ebenfalls den
Widerstand meines Umfeldes deutlich zu spüren.

Zunächst begann ich, Drehbücher zu schreiben. Kaum
hatte sich dies herumgesprochen, riefen mich fremde Dreh-
buch-Autoren an und beschwerten sich, dass ich ihnen nun
Arbeit wegnehmen würde.

Als ich begann, die Regie für einen Kinofilm zu übernehmen, sprachen mich alteingesessene Regisseure an und

meinten, ich würde ihnen den Job wegnehmen. Sie redeten mir auch ein, dass ich gar keine Ahnung von Regie haben könnte, weil ich es ja nicht gelernt hätte. Selbst meine eigene Schauspielagentur rief mich an und bat mich, doch alles beim Alten zu belassen und einfach nur Schauspieler zu bleiben. Ich könnte mir auf diese Weise schließlich viele Feinde machen, und Regisseure könnten auf die Idee kommen, mich nicht mehr als Schauspieler zu besetzen.

Als ich dann meine Liebe zum Buchschreiben entdeckte und mit der Schauspielerei gänzlich aufhörte, bekam ich nun wirklich kräftigen Gegenwind von meiner Umgebung. Zuerst versuchte man, mich zu überzeugen, dass dies doch kein guter Plan sei. Wer gibt schon so etwas Erfolgreiches auf?! Man wirkte zunächst ganz sanft auf mich ein. »Mit fast vierzig Jahren verlässt man nicht mehr alte Gleise, schon gar nicht, wenn man so erfolgreich ist.«

Dann kamen manipulativ gestellte Fragen auf, ob ich mir keine Sorgen machte, dass ich meine Familie nicht mehr ernähren könnte. Produktionsfirmen versuchten mich für neue Rollen zu gewinnen mit Sätzen wie: »Wir sind doch Freunde. Den Gefallen musst du mir noch tun.«, »Du bist undankbar.« Andere waren richtig empört. Sie wollten sich mit meiner Wandlung nicht abfinden. Sie wollten, dass alles beim Alten blieb und ich mit ihnen weiterhin erfolgreich Filme machte.

Michaela und mir wurde rasch klar, dass alleine durch den Umstand, dass ich neue Wege beschritt, wir nicht wirklich zur Ruhe kommen würden. Da kamen wir auf eine ebenso einfache wie geniale Idee. Ich dachte an den Spruch, dass der Prophet im eigenen Land nichts gilt ...

Und wir gingen ins *Ausland*. Eigentlich ist diese Bezeichnung fast übertrieben. Wir zogen nur 150 Kilometer weiter. Wir gingen von München nach Salzburg. Aber nun war ich in der Tat für alle im Ausland.

Angebote flossen noch reichlich. Wenn man Nein sagt, ist man wohl gefragter denn je. Aber nun trafen wir auf völliges Verständnis. Alle waren sich nun bewusst: Der Pierre ist weggezogen und schreibt.

Als wir nach drei Jahren nach Deutschland zurückkehrten, hatte sich alles gewandelt. Ich war als Autor anerkannt und geschätzt. Das bisherige Umfeld konnte akzeptieren, dass ich einen anderen Beruf gewählt hatte. Alle waren plötzlich entspannt und klopften mir auf die Schulter. Autoren suchten meine Meinung und tauschten sich mit mir über ihre Bücher aus, und Schauspieler fingen an, sich bei mir zu bewerben. Das »Schubladen-Spiel« ging auf eine andere Art weiter. Ich war einfach in eine andere Schublade gesprungen, und dieses Mal wurde es als Selbstverständlichkeit wahrgenommen.

Manchmal ist es eben leichter, bestehende Resonanzfelder zu verlassen. Und sei es nur für ein Wochenende, einen Sommer oder ein Semester.

* Wenn dir also Umstände begegnen, die dir deine Weiterentwicklung erschweren, dann verlasse eine Zeitlang das gewohnte Umfeld.
* Wenn es dir nicht möglich ist, wegzuziehen oder zu verreisen, dann ziehe dich einfach eine Weile aus dem *Tagesgeschäft* zurück.
* Gehe in eine innere Klausur und nutze die gewonnene

Zeit um herauszufinden, welche Schritte du unternehmen kannst, um dein Leben auf *deine* Weise leben zu können.

- Lass dich nicht von anderen von deinem Vorhaben abbringen. Es ist egal, was die anderen von dir sagen oder denken – wenn sich dein Vorhaben für dich richtig anfühlt, höre nur auf dein Herz.
- Weihe am Anfang nur solche Menschen in deine Pläne ein, bei denen du sicher bist, dass sie dich fördern. Denn Zweifler sind schnell am Werk, um deine Ideen zunichtezumachen.
- Sei dir stets bewusst: Wenn du dich veränderst, müssen andere sich ebenfalls verändern. Sie müssen alte Machtgefüge und das Bild, das sie von dir haben, aufgeben. Und das wollen sie nicht.
- Bleibe liebevoll.
- Bleib bei dir und deinem inneren Plan – lass dich nur von positiven Beispielen beeinflussen!

**Erfolg ist ...
nur auf sein eigenes
Herz zu hören.**

Lieber auf neuen Wegen stolpern,
als auf der Stelle treten.

Trau dich, anders zu sein

Geh nicht, wohin der Weg dich führen mag,
sondern dorthin, wo kein Weg ist,
und hinterlasse eine Spur.
RALPH WALDO EMERSON

Vor vielen Jahren besuchte ich in Hawaii ein zweiwöchiges Autorenseminar. Tagelang arbeiteten wir an mentalen Konzepten und waren auf der Suche nach der eigenen kreativen Kraft in uns. Zu diesem Zweck hatten die Seminarleiter ein abgelegenes Haus direkt am Meer gemietet. Wir waren also abgeschottet von der Außenwelt, und so saßen wir Teilnehmer uns nach einer Woche alle etwas auf der Pelle.

Um ein bisschen auszuspannen und von der intensiven Gruppenarbeit Abstand zu gewinnen, ging ich gerne abends alleine ans Meer und schaute auf die endlose Weite des Wassers. Dann dachte ich an meine Familie zu Hause und beschäftigte mich mit einer Frage, die mich auch zu diesem Seminar geführt hatte und über die ich mir schon seit geraumer Zeit Gedanken machte.

Ich war dabei, mein zweites Buch vorzubereiten, ein Buch, das der Verlag nicht sonderlich mochte. Es würde nicht der Erwartungshaltung meiner Leser entsprechen.

Mir aber gefiel daran gerade, dass es so anders werden würde. Selbst der Titel war provokant. Mit gefiel er, aber ich war auch etwas unsicher geworden. Ich suchte also nach den richtigen Antworten für mich.

Plötzlich sprach mich jemand von hinten an. Ein kleiner, rundlicher Amerikaner strahlte über beide Backen und schien froh zu sein, mich gefunden zu haben.

»Ich bin Captain Bob«, sagte er und begann völlig ungefragt über die Kraft des Meeres zu reden, über seinen Job als Feuerwehrmann, über Entspannung und über die verschiedenen Möglichkeiten erfolgreich zu sein.

Ich war mehr als erstaunt. Meilenweit war schließlich kein anderer Mensch zu sehen. Aber wie vom Himmel ausgespuckt stand dieser runde, joviale Mann einfach vor mir und redete mit mir, als würden wir uns schon ewig kennen. Eigentlich war ich müde und fühlte mich gestört, und dennoch war ich auch fasziniert. Wie kam dieser Unbekannte auf die Idee, mich anzusprechen und mit mir über Erfolg zu reden?

Ich wollte ihn abwimmeln. Schließlich war mein Plan ein anderer gewesen. Ich wollte übers Meer schauen und an meine Familie zu Hause denken. Eigentlich störte er mich, und ich zeigte ihm deutlich, dass ich gerne alleine bleiben würde. Aber wenn das Universum zwei Menschen zusammenführt, dann gibt es dafür meist einen gewichtigen Grund.

Und so fuhr der kleine Amerikaner unbeirrt fort und erzählte mir, dass er ein Buch geschrieben habe. Einen Bestseller – »Eat Stress«.

»Was für ein seltsamer Titel für ein Buch«, lachte ich.

»Ja«, sagte er und lachte ebenfalls. »Das finden viele und deshalb kaufen viele dieses Buch«, sagte er und setzte sich neben mich.

Da saßen wir also, zwei Fremde, zusammengeführt von einer höheren Ordnung. Ich musste innerlich lachen. Ich hatte ihn weder eingeladen noch aufgefordert, sich zu setzen, und dennoch hatte das Gesetz der Resonanz zwei Gleichgesinnte zusammengebracht.

Er wohnte in New York, erzählte er, und habe für zwei Wochen das Nachbarhaus gemietet. Normalerweise gehe er nie so spät an den Strand, und schon gar nicht ohne seine Frau, aber an diesem Abend hatte er so einen inneren Drang verspürt.

Da saßen wir also. Zwei Autoren aus zwei völlig verschiedenen Welten. Es ist manchmal fast unglaublich, mit welchen *Zufällen* der Kosmos arbeitet. Gerade war mein erstes Buch, »Glücksregeln für die Liebe«, in die Bestsellerlisten eingetreten, und ich suchte nach einem Titel für mein zweites Buch. Es war vollkommen anders als mein erstes Buch, sollte auch nicht von Partnerschaften handeln, sondern von der Möglichkeit, sich seine Wünsche zu erfüllen, aber ich war auf einigen Gegenwind gestoßen. Man war der Überzeugung, ich solle lieber noch einen zweiten Beziehungsratgeber schreiben. Ich sollte also lieber auf Nummer sicher gehen.

Aber genau das konnte ich nicht. Dies war keine Charaktereigenschaft von mir. Und so befand ich mich also in der seltsamen Lage, einerseits zwar ein Erfolgsautor zu sein, aber andersseits mich doch bitte schön weiter nur in den bisherigen Gefilden aufzuhalten.

Genau mit dieser Problematik beschäftigte ich mich schon seit ein paar Tagen. Da kam dieser Amerikaner in meine Welt. Ungefragt, in der Dämmerung eines Strandes auf der anderen Seite der Weltkugel.

Es war unglaublich. Ein Bestsellerautor trifft auf einen anderen Bestsellerautor. Auf einer Buchmesse wäre dies sicherlich keine Seltenheit, aber in der unendlichen Weite eines kilometerlangen nächtlichen Strandes war das mehr als erstaunlich.

Wir kamen ins Gespräch, und ich bekam eine sehr lehrreiche Lektion über Erfolg.

»Was ist das Wichtigste, um erfolgreich zu sein?«, fragte Captain Bob und hob lachend den Finger. Nun war ich aber wirklich gespannt, denn ich hatte ihn nicht nach dem Rezept von Erfolg gefragt, ich hatte ihm nicht einmal mitgeteilt, dass mich gerade diese Frage beschäftigte.

»Be different!«, rief er laut. Sei anders als alle anderen. Je provokativer und kontroverser der Titel und Inhalt eines Buches und dessen Aussage sind, umso provokativer und kontroverser wird auch darüber gesprochen. Das heißt, derjenige, der anders ist als alle anderen, der nicht mit der Masse mitschwimmt, der neue These aufwirft und diese authentisch vertritt, wird wahrgenommen.

Nur wer anders denkt,
wirft neue Strömungen auf.

»Eat Stress« war so ein Titel. Ein Bestseller in den USA, den er mir am nächsten Tag vorbeibrachte. Er schrieb mir eine kleine Widmung hinein: »Be different.«

Dann lachte er wieder und sagte: »Aber das weißt du ja alles längst.«

Sein Verlag habe den Titel gehasst und wollte ihn lieber etwas glätten. Heute seien sie froh, dass er nicht auf ihre

Bedenken eingegangen sei. Inzwischen war er ein gefragter Mann in Talkshows.

Dieses Erlebnis zeigt uns zweierlei. Zum einen sehen wir daran, dass immer die richtigen und treffenden Informationen zu uns kommen. Ganz gleich, wo wir uns aufhalten. Gleich schwingende Energien ziehen sich immer gegenseitig an. Wir können also darauf vertrauen, dass sich uns immer die nächsten Schritte offenbaren werden. Wir brauchen uns nur selbst zu fragen.

*Wenn wir uns für eine Weile
mit unseren unbeantworteten Fragen beschäftigen,
werden die Antworten zu uns kommen.*

Vielleicht in Form von Captain Bob oder als Brief, vielleicht erfahren wir die Antworten auch von einem Gespräch, dem wir *zufällig* lauschen.

Gleichzeitig sollten wir auch immer den Mut aufbringen, uns selbst zu vertrauen. Auch wenn die Dinge neu für andere sind. Solange wir an unsere Visionen glauben und ihnen vertrauen, werden wir immer das Richtige machen.

Ich schrieb das Buch »Erfolgreich wünschen«, obwohl viele in meinem Umfeld mir davon abrieten, und es wurde zu einem der erfolgreichsten Ratgeber in Deutschland.

Als Captain Bob mir am nächsten Tag zum Abschied die Hand gab, fragte ich ihn, warum er mich angesprochen habe. Da sich, wie gesagt, stets gleich schwingende Energien anziehen – was war es also, was ich ihm geben konnte?

Er lachte erneut und sagte: »Bescheidenheit.« Dann

grinste er übers ganze Gesicht und sagte, er habe mich in
der letzten Nacht gegoogelt und nicht glauben können, was
ich bisher alles gemacht hätte. Aber völlig bescheiden hätte
ich ihn über seine Erfolge reden lassen. Und dann bedankte
er sich.

- Gehe den Fragen nach, die dich beschäftigen. Dann wirst
  du Antworten bekommen. Auch wenn du dich auf der
  anderen Seite der Welt befindest.
- Traue dich, anders zu sein.
- Wenn du anders bist, hast du der Welt Neues zu geben.
- Die besten Visionen sind immer etwas anders als das
  bereits Bestehende. Auf diese Weise schenken wir der
  Welt den besten Anteil in uns.
- Wo bist du anders als deine Umgebung? Welche neuen
  Ideen kannst du in die Welt bringen?

Wenn wir uns den konventionellen Wegen unterordnen,
entdecken wir meist nur die Ideen anderer.

Der Weg mag dann zwar einfacher sein. Breit und leicht
begehbar. Aber er wird nicht unserer ganz persönlichen
Struktur entsprechen. Er wird uns langweilen und nur wenig
inspirieren. Es gibt nichts zu entdecken. Nicht einmal uns
selbst. Wir kommen womöglich schnell voran. Vielleicht
erreichen wir auch sehr rasch unser Ziel. Aber wir wissen
gar nicht, ob das wirklich unser Ziel gewesen ist. An den
Weggabelungen des Lebens haben wir uns nicht selbst entscheiden dürfen.

Wollen wir unsere eigenen,
ganz speziellen Talente entdecken,
sollten wir auch unsere eigenen,
ganz speziellen Wege gehen.

Wege, die andere nicht vor uns geebnet haben. Sonst finden wir nur Antworten anderer und nicht eigene.

Nur unsere eigenen und ganz persönlichen Ideen und Erfahrungen helfen uns und anderen, im Leben voranzuschreiten.

Erfolg ist ...
auch anders zu sein.

Lass dich nicht vom Erfolg anderer vereinnahmen.
Finde deinen eigenen Weg.
Und gehe ihn konsequent.

Kümmere dich nicht darum,
was andere von diesem Weg halten.
Sie kennen diesen Weg nicht.
Es ist nicht ihrer.
Es ist deiner.

Wenn andere von dir erwarten,
dass du auf deren Wegen wandelst,
dein Herz aber in eine andere Richtung schlägt,
höre nur auf dein Herz.

Sonst missbrauchst du dich.
Und gestattest anderen,
dass sie dich missbrauchen.

Erst wenn du im Herzen wirklich glücklich bist,
kannst du andere an deinem Glück teilhaben lassen.

Sich der eigenen Kreativität
wieder öffnen

Die größte Entscheidung deines Lebens liegt darin,
dass du dein Leben ändern kannst,
indem du deine Geisteshaltung änderst.

ALBERT SCHWEITZER

Sooft ich *erfolgreiche* Menschen treffe, fällt mir auf, dass sie alle eines gemeinsam haben: die Liebe zu ihrer Aufgabe. Die Passion, die Leidenschaft und die Euphorie, mit welcher sie ihrer Beschäftigung nachgehen. Manchmal gehen sie über ihre persönlichen körperlichen Grenzen, vergessen dabei ihre Gesundheit oder ihre Familie, aber sie sind so erfüllt von dem, was sie tun, dass sie weder Zeit noch Raum wahrnehmen. Sie haben schon gar keinen Platz für Zweifel oder Ängste.

Das Erstaunlichste dabei ist, dass sie nicht einmal das Gefühl haben, dass sie hart arbeiteten. Natürlich tun sie das. Manchmal bis zur völligen Selbstaufgabe. Oder bis zur absoluten Erschöpfung. Dennoch empfinden sie es nicht als Arbeit. Für sie ist es ein Vergnügen, ein Geschenk, ihrer Tätigkeit nachgehen zu dürfen. Natürlich freut sie auch der Erfolg und der Wohlstand, der oftmals damit verbunden ist, natürlich genießen sie auch die Anerkennung. Aber wahres Glück empfinden sie einzig und allein bei der Durchführung ihrer Tätigkeit.

Mir selbst erging es ebenso. Meine vielen Jahre der Schauspielerei, so erfolgreich sie auch war, waren nie eine wirklich tief greifende Berufung. Erst als ich mit dem Schreiben begann, gewann ich eine erstaunliche Erkenntnis. Ich ging in dieser Tätigkeit so auf, dass ich meine Umgebung nicht mehr wirklich wahrnahm. Erfüllt von meiner eigenen inneren Welt vergaß ich die Zeit. Ich nahm gar nicht mehr wahr, dass Michaela mir etwas zum Essen oder zum Trinken hingestellt hatte. Am Abend stand das Essen noch immer da und die Flasche Wasser war noch immer unberührt. Ich hatte es nicht einmal bemerkt. Ich hatte alles um mich herum vergessen.

Wenn wir unser wahres Potenzial entdecken, werden wir reich beschenkt. Wir erhalten wieder die vermisste Liebe, die Leidenschaft und die Freude an unserem Tun.

Unser Potenzial entdecken wir dort, wo sich unsere schöpferische Kreativität befindet. Wenn wir uns dafür wieder öffnen, zeigen sich auch all die Ziele, die unsere Persönlichkeit ausmachen.

Schließe dich wieder an dein
wahres kreatives Potenzial an.

Jeder von uns ist kreativ. Jeder. Jeder von uns besitzt dieses kreative Potenzial, das sich in so vielen Farben und Nuancen zeigen kann. Kreativ sind nicht nur die Künstler, Maler Schriftsteller, Musiker. Kreativ bedeutet nichts anderes als schöpferisch tätig zu sein. Und das können wir in jeder Tätigkeit. Gleichgültig ob wir einen Haushalt führen, einem Büro vorstehen oder wissenschaftliche Aufgaben erfüllen.

Jede Tätigkeit erfordert eine
gewisse Form von Kreativität und Schöpfertum.

Als Kinder waren wir sprudelnde Quellen an Ideen und erfinderischem Reichtum. Wenn ich mit Kindern rede, bin ich immer wieder erstaunt, welch kreative Ideen Kinder haben und mit welch übersprudelnder Euphorie sie mit Vorschlägen aufwarten. Jedes von ihnen ist ein Meister der Kreativität.

Manchmal betrachten wir Kinder und lächeln, wenn sie malen, zeichnen oder basteln oder Pläne schmieden und sich voller Energie ihrer Beschäftigung hingeben. Hingeben ist das richtige Wort dafür. Sie geben sich ihrer eigenen Kreativität hin.

Wir lächeln, weil wir uns erinnern. Wir waren auch mal so.

Aber unsere Kreativität ist nicht versiegt wie bei einem Brunnen, der kein Wasser mehr spendet. Noch immer ist diese Kreativität in uns. Sie schlummert nur.

Wir müssen sie einfach nur wieder in unser Leben einladen.

Genau genommen wartet dieser Anteil unseres Wesens nur darauf, wieder von uns angesprochen zu werden. Wenn wir uns dieser schöpferischen Energie wieder zuwenden und uns für sie öffnen, stehen uns nicht nur viele verschiedene Wege und Möglichkeiten und unvermutete Lösungen offen, sondern wir erhalten auch unsere Energie, unsere Kraft und unsere Motivation zurück. Das Leben beginnt wieder Spaß zu machen.

Kreativität ist das Zulassen von kindlicher Energie.

Kindliche Energie ist voller Freude, voller Lebenslust. Und diese kindliche Energie ist in uns. In jedem von uns. Auch in dir. Und wartet darauf, wieder zum Leben erweckt zu werden.

Unsere Kreativität finden wir dort, wo unsere Talente schlummern. Und die wollen wir nun wecken.

Erfolg ist ...
sich wieder dem eigenen
kindlichen Potenzial zu öffnen.

Wenn es dir nicht mehr gefällt, wie du jetzt lebst,
gratuliere dir.
Du betrachtest die Dinge in deinem Leben nun bewusster.

Wenn du unzufrieden bist,
freue dich.
Unzufriedenheit ist der erste Schritt auf dem Weg zur Veränderung.

Nur wenn wir unzufrieden sind,
finden wir die Kraft, neue Wege zu beschreiten.

Wenn du Probleme hast,
begrüße sie.
Probleme zwingen dich zu wachsen und zu reifen.

Wenn du eine Sehnsucht hast,
sei dankbar.
Sehnsüchte eilen unseren Taten voraus.

Wenn du deine wahren Talente gefunden hast, hast du dich gefunden

Wähle einen Beruf, den du liebst,
und du brauchst niemals
in deinem Leben mehr zu arbeiten.

KONFUZIUS

Erstaunlich viele Menschen sind davon überzeugt, mit anderen nicht mithalten zu können oder nicht gut genug zu sein. Wenn wir diese Überzeugungen in uns tragen, ist es natürlich kein Wunder, dass wir glauben, wahrscheinlich mit überhaupt keinen Talenten gesegnet zu sein. Aus der Erfahrung der Vergangenheit folgern viele, dass man bei ihnen nichts finden wird.

»Ich hab kein Talent, das hat schon mein Vater gesagt.«

Viele von uns haben bereits ein festes Urteil über sich gefällt.

Wenn man die Sorge hat – oder besser gesagt, wenn andere uns weisgemacht haben –, dass man selbst keine Talente und Fähigkeiten besitzt, dann möchte man natürlich nicht auch noch in den leeren Topf hineinsehen müssen. Also begibt man sich erst gar nicht auf die Suche. Und weil sie nicht suchen, haben viele Menschen keine Ahnung, was sie überhaupt machen sollen.

Solange du deine eigenen Talente nicht kennst,
wirst du immer nur den Weg anderer kennenlernen,
niemals deinen eigenen.

Wenn man seine Talente nicht kennt, beginnt man gerne mit einem Beruf, der von außen betrachtet ganz schön und Erfolg versprechend aussieht. Doch dann merkt man sehr rasch, dass man entweder völlig überfordert oder gänzlich desinteressiert ist.

Genau genommen wandert man auf diese Weise von einem Irrtum zum nächsten. Das wirklich Fatale daran ist, dass man auf diese Weise immer mehr seine Überzeugung untermauert, zu wenig Talent für diese Tätigkeit zu besitzen.

Dabei steckt die ganze Wahrheit in dem Wort *diese*. Du besitzt vielleicht in der Tat nicht genügend Talente für *diese* Tätigkeit. Aber das hat einen Grund. Sie ist ganz einfach nicht *deine* Tätigkeit. Wir müssen also nur herausfinden, was denn nun *deine* Talente sind, dann finden sich auch unzählige Möglichkeiten, sie auszuleben.

Um es vorwegzunehmen: Ich habe in meiner langjährigen beratenden Tätigkeit noch keinen einzigen Menschen gefunden, der keine Talente besitzt. Jeder Mensch hat ganz bestimmte Fähigkeiten, die er erfolgreich einsetzen kann. Und ganz ehrlich, ich glaube nicht, dass du der erste Mensch auf dieser Welt bist, der tatsächlich ohne jegliche Talente auf die Welt gekommen ist. Man muss seine eigenen, ganz persönlichen Talente also nur herausfinden. Und das ist relativ einfach.

Denn was wir in Wahrheit suchen, sind wir selbst.

Es geht immer nur darum, was uns Freude bereiten würde. Denn Erfolge sind dort zu finden, wo unser Herz mit ganzer Freude beteiligt ist. Es geht also darum, was wir gerne tun. Wenn wir etwas gerne tun, entwickeln wir Ausdauer und Einsatzfreude. Zwei Grundpfeiler von Erfolg.

Dort, wo unsere Freude ist,
finden wir auch ganz oft unsere Talente.

Unsere schlummernden Fähigkeiten lassen sich also ziemlich leicht herausfinden. Wollen wir unsere Talente entdecken, gilt es, sich auf Spurensuche zu machen. Und Spuren hinterlassen unsere Talente reichlich.

- Schreibe mindesten zwei Wochen lang täglich all deine Tätigkeiten auf, die du während des Tages ausführst.
- Gleichgültig, was du tust, du notierst es dir in deinem kleinen Büchlein.
- Es spielt auch keine Rolle, ob du es als wichtig oder überflüssig empfindest. Was immer du tust, wird festgehalten.

Analysiere auch dein persönliches Umfeld:

- Welche Bücher liest du am liebsten?
- Mit welchen Menschen verbringst du besonders viel Zeit?

- Womit umgibst du dich?
- Welche Bilder hängen in deiner Wohnung?
- Was zeigt dein Bildschirmschoner?
- Welche Musik hörst du gerne?
- Welche Tätigkeiten machst du abends?

Notiere dir wirklich alles. Nach zwei Wochen nimmst du dir die Aufzeichnungen zur Hand und stellst dir folgende Fragen:

- Wofür möchtest du auf dieser Liste mehr Zeit haben?
- Was würdest du am meisten vermissen, wenn es wegfiele?
- Welche Aktivitäten davon machen dir Spaß?
- Was sind die Dinge, die du am meisten genießt?
- Unter welchen Bedingungen bzw. in welchem Umfeld fühlst du dich besonders wohl oder sogar glücklich?
- Was ist der Grund für dieses Wohlfühlen? Sind es die Menschen, die dich umgeben? Sind es die Aktivitäten? Oder die Rahmenbedingungen? Usw.
- Welche Menschen machen dich besonders »lebendig«?
- Was tust du am liebsten in deiner Freizeit?
- Welches Hobby hast du?

Falls es dir allzu schwerfällt, diese Fragen zu beantworten, dann bitte doch einfach einen vertrauten Menschen, dir beim Beantworten zu helfen. Frage zum Beispiel einfach mal deine Geschwister oder deine Eltern oder gute Freunde, welche Fähigkeiten sie an dir schätzen und wo sie deine Talente sehen. Mache mit ihnen gemeinsam eine kleine Liste.

Vielleicht wirst du überrascht sein,
was andere bereits in dir sehen.

Überprüfe dabei immer auch dein Herz. Wohin geht deine Freude? Wäre dies wirklich etwas für dich? Spüre in dich hinein. Wie fühlt es sich an, wenn du das, was dir Freude bereitet, zum Beruf machen würdest?

Wenn du deine wahren Talente gefunden hast,
hast du dich gefunden.

Damit wir künftig glücklich und zufrieden sind, sollten wir unsere privaten und beruflichen Ziele in Einklang mit unseren Vorlieben, unseren Talenten und unseren ganz persönlichen Wertvorstellungen bringen.

Wenn wir unsere ganz persönlichen Talente einsetzen, ist es sehr leicht, Erfolge zu erzielen. Denn dann besitzen wir alles, was dafür nötig ist. Kraft, Freude, Ausdauer, Motivation und Lebenslust. Wir fühlen uns reich und anerkannt. Vor allem schenken wir uns selber Anerkennung.

Wir tun das, was wir am besten können.

Erfolg ist ...
seine ganz eigenen persönlichen
Talente ausfindig zu machen.

Fünf Freiheiten

1. Die Freiheit zu sehen und zu hören, was jetzt ist,
anstatt was war oder was sein wird.

2. Die Freiheit zu fühlen, was ich fühle,
anstatt was ich fühlen sollte.

3. Die Freiheit zu sagen, was ich fühle und denke,
anstatt was ich fühlen und denken sollte.

4. Die Freiheit, danach zu fragen, was ich gerne möchte,
anstatt immer auf Erlaubnis zu warten.

5. Die Freiheit, auf eigene Faust Risiken einzugehen,
anstatt immer auf »Nummer sicher« zu gehen.

Virginia Satir

Aus Krisen kann man Kraft schöpfen

*Bedeutende Erfolge sind auch
die Ergebnisse überwundener Krisen.*

HANS ARNDT

Sehr oft glauben wir, dass erfolgreiche Menschen einfach nur mehr Glück gehabt haben als wir. Ihre Ausgangslage war günstiger, ihr Umfeld wohlwollender und wahrscheinlich wussten sie immer schon, was sie wollten.

Wenn wir uns jedoch das Leben erfolgreicher Menschen ansehen, dann werden wir feststellen, dass sie oftmals gar nicht den konventionellen Wegen gefolgt sind. Meist taten sie auch gar nicht, was ursprünglich von ihnen erwartet wurde. Meist haben sie ganz eigene, neue Ideen verfolgt.

Ich hatte das Glück, in Hamburg bei einem Kongress zwei Tage lang zahlreiche Bestsellerautoren aus den USA zu interviewen. Das waren in der Tat zwei außergewöhnliche Tage für mich. Nicht nur weil ich durch diese wundervollen Energiefelder gehoben wurde, sondern weil ich etwas sehr Erstaunliches feststellen durfte. All diese beeindruckenden Persönlichkeiten hatten etwas gemeinsam. Ihr Leben war nicht fließend verlaufen, nicht leicht und heiter, wie wir es vielleicht von Superstars, die wir gerne bewundern, annehmen würden. Ihr Leben war nicht geradlinig oder von vorneherein mit Wohlstand ausgestattet gewesen.

Ihr Leben war meist voller Überraschungen, voller Brüche und Wendungen, die oftmals von schweren Krisen begleitet wurden. Viele von ihnen hatten sogar große Tragödien überstehen müssen, die sie dazu brachten, in ihre eigenen Tiefen zu gehen und dort etwas Neues, anderes zu erfahren, das sie nun in Büchern und Vorträgen mitteilten.

Sie hatten etwas in sich entdeckt.

Eine besondere Gabe, von deren Existenz sie bis zu diesem Zeitpunkt keine Ahnung hatten. Byron Katie zum Beispiel hatte jahrelang schwere Depressionen, bevor sie ihr Leben wandelte und Tausenden von Menschen auf den rechten Weg half. Sie fand aus ihrer eigenen Krankheit heraus und entwickelte eine neue, richtungweisende Möglichkeit, »The Work«, für Menschen auf der ganzen Welt, sich selbst zu helfen. Brandon Bays erzählte uns, dass sie einen inoperablen Tumor von der Größe eines Handballs im Bauch hatte. Heute hält sie auf der ganzen Welt Vorträge über die von ihr entwickelte Methode »The Journey«. William Paul Young berichtete uns, dass er erst angefangen habe umzudenken, als ihn seine Frau verlassen hatte. Heute ist er weltberühmt durch seinen Roman »Die Hütte«. Eva-Maria Zurhorst, die mit dem Buch »Liebe dich selbst und es ist egal, wen du heiratest« Bekanntheit erlangte, war von ihrem Mann betrogen worden – inzwischen gibt sie mit ihm Partnerschaftsseminare. Doreen Virtue, Autorin zahlreicher weltweiter Bestseller über Engel, hatte einen Raubüberfall überlebt und begann ein neues Leben.

Zwei ganze Tage saßen wir mit vielen, vielen Berühmtheiten zusammen, und fast alle hatten im Wesentlichen die gleiche Erfahrung gemacht. Die Krise habe ihr Leben gerettet, denn erst durch sie hätten sie ihre eigene Größe erkannt. Erst durch den korrigierenden Zwang des Schicksals begannen sie, dieses Etwas in sich wahrzunehmen.

Dieses Etwas können wir auch in uns entdecken. Vielleicht benötigen wir keine Krisen, die uns zwingen, tiefer in unser Wesen zu schauen. Krisen bieten jedoch oftmals ungeheure Chancen. Wir werden gezwungen, Dinge zu überdenken und uns neu zu ordnen. Krisen korrigieren unseren Weg und schenken uns einen neuen Blickwinkel.

Krisen sind nicht immer schlecht. Durchlebte Krisen schenken uns Kraft und Durchsetzungsvermögen. Oftmals auch eine tiefere Einsicht in Dinge, die wir bisher übersehen hatten oder zu denen uns der Zugang völlig fehlte.

Krisen bieten ein großes Potenzial.

Wenn wir gezwungen worden sind, durch unsere eigenen Tiefen zu gehen, wissen wir ganz viel über die Untiefen des Lebens und können zum Beispiel anderen helfen, sie zu durchschreiten.

Auch in meinem Leben waren es gerade die Krisen, die mir geholfen haben, die richtigen Wege zu beschreiten. Gerade aus den Krisen habe ich gelernt und eine neue, mir bis dahin unbekannte Kraft entwickelt.

Wir müssen natürlich nicht immer zwangsläufig durch alle möglichen Tragödien in unserem Leben stolpern, um tiefere Einsichten zu gewinnen. Aber es ist für uns sehr hilfreich, wenn wir erfahren, dass auch die Erfolgreichen nur selten eine optimale Ausgangslage hatten. Wenn also auch deine Ausgangslage nicht so rosig ist, wie du es dir erträumst, dann hindert das dich in keiner Weise, dich dennoch auf die Suche nach deinem wahren Wesenskern zu machen und dich zu verwirklichen.

Die meisten der Bestsellerautoren erzählten sogar, dass sie erst durch Krisen zu ihrem Glück gefunden hatten. Meist taten sie davor Dinge, die sie nicht wirklich beseelt hatten. Sie verdienten zwar ihren Lebensunterhalt, aber glücklich waren sie nicht.

Viele von ihnen betonten sogar, dass gerade die Krise in ihrem Leben der glücklichste Moment für sie gewesen sei, da sie auf diese Weise ihre wahre Lebensaufgabe gefunden hatten. Krisen helfen uns also, uns selbst zu entdecken. Durch Krisen können wir unseren eigenen, ganz persönlichen Weg herausfinden. Krisen helfen uns, die ausgetretenen Pfade zu verlassen und eigene, neue Wege für uns zu finden.

Jede Ausgangslage ist geeignet,
sie in Erfolg umzumünzen.

Jede Krise hat einen tiefen Sinn, um den Weg zum eigenen Erfolg zu finden. Allerdings nur, wenn wir uns für diese tieferen Einsichten auch öffnen.

Wie sehr unser Leben auch in die Schieflage geraten sein mag, wie hoffnungslos unsere jetzige Ausgangslage auch aussehen mag, sie hält ein tiefes Wissen für uns bereit. Wir müssen nur unseren Blickwinkel ändern und beginnen hinzusehen. Dann werden wir ziemlich rasch unsere jetzige

Lage hinter uns lassen können und stärker als jemals zuvor voranschreiten.

- Betrachte deine Ausgangslage in aller Ruhe. Welchen besonderen Schatz, welche ganz persönliche Erfahrung birgt deine jetzige Situation?
- Welche innere Stärke bist du gerade gezwungen zu entwickeln?
- Was gab es bisher, was du nicht sehen wolltest?
- Welches Wissen und welche Qualitäten kannst du aus deiner jetzigen Lage mitnehmen?
- Was hast du, was andere nicht haben, die keine Krise durchlebt haben? Finde deinen ganz persönlichen Wert.
- Welche Erfahrungen hast du anderen mitzuteilen?
- Was ist dieses »Etwas« in dir?
- Welche Stärke könnte daraus in dir gewachsen sein?
- Was könnte dein eigener, ganz persönlicher Weg sein?
- Was hast du zu geben?

Erst wenn wir uns selbst gefunden haben, können wir unser Talent auch der Welt anbieten. Wahre Erfolge finden wir also immer nur dann, wenn wir unseren eigenen Weg gefunden haben.

Erfolg ist ...
dieses besondere Etwas
in sich zu entdecken.

Lauf erst los,
wenn du weißt
in welche Richtung du laufen möchtest.

5

Erfolg ist ...
die mentale
Kraft zu stärken

Was möchtest du?

Was hindert dich daran?

Wie kannst du das Ziel erreichen?

Die richtigen Umstände schaffen

Wer weiß, wie er sein Leben gestalten muss,
um glücklich zu sein,
muss nur noch den Mut finden,
es auch zu leben.

JOHN IRVING

Wir kreieren jeden Tag viele Ideen, um dem Chaos und unseren dringendsten Nöten zu entkommen. Wir entwickeln Strategien, Mechanismen und basteln an Überlegungen, wie wir unserer Erfolglosigkeit entrinnen können. Meist sind wir dann nicht sehr zufrieden mit unserer Situation. Wir haben vielleicht Angst oder sorgen uns um unsere Zukunft. Am liebsten wollen wir natürlich sofort loslaufen. Wir wissen aber nicht, wohin. Das Einzige, was wir wissen, ist: Wir müssen weg von hier!

Auf diese Weise entstehen meist Pläne, die nicht sehr hilfreich sind. Vielleicht nützen sie uns sogar kurzfristig, aber sie werden meist nicht unserem wahren Potenzial und unseren Talenten gerecht. Das sollen sie ja auch gar nicht. Ziel ist es doch nur wegzukommen.

Und so laufen wir meist *nur* sehr erfolgreich vor all unseren Problemen davon, gelangen kurz darauf in die nächste Misere und wundern uns dann, wieso sich wieder einmal nichts geändert hat. Ganz einfach.

Wir haben uns nicht auf die Suche nach Erfolg gemacht,
sondern suchen Wege, Misserfolg zu vermeiden.

Und dies ist ein gewaltiger Unterschied. Während wir bei
der Suche nach Erfolg in aller Ruhe in uns gehen und zu
entdecken versuchen, mit welchen Talenten wir den Menschen nützlich sein könnten – je nützlicher wir für andere
sind, desto größer der Bedarf, desto größer der anhaltende
Erfolg –, versuchen wir beim Verhindern von Misserfolg nur
Vermeidungsstrategien aufzubauen.

Wollen wir Misserfolge vermeiden, richten wir uns also
nach den äußeren Umständen und versuchen sie zu umgehen. So wollen wir uns immer von gewissen Dingen fernhal-
ten, ohne eine eigene Welt aufzubauen und zu entwickeln.
Wir werden ängstlich und klein und zaghaft und schielen
immer öfters auf ein möglicherweise drohendes Unheil.

Beim wahren Erfolg kommen wir
nicht durch unsere Umstände in Zugzwang,
sondern wir schaffen Umstände,
in denen wir uns wohlfühlen.

Wollen wir Erfolg haben, stärken wir unsere mentale Kraft.
Wir schauen voller Freude in die Zukunft. Wir schmieden
Pläne. Wir beschäftigen uns mit unseren Zielen. Wir wollen
voranschreiten. Voller Euphorie und Tatendrang. Wir sind
Schöpfer von Umständen. Wir kreieren Umstände.

Erfolg ist ...
mental an seiner Welt zu bauen.

Trainiere deine Willenskraft

Wenn du immer nur das machst,
was du schon kannst,
wirst du immer bleiben,
was du schon heute bist.

Erfolg braucht viel Energie und Aufmerksamkeit. Und Ausdauer. Erfolg braucht aber auch Planung und Willenskraft.

Im Kapitel »Setze dir anfangs kleine Ziele« (Seite 113), haben wir begonnen, uns erste Ziele zu setzen. Nun wollen wir einen Schritt weitergehen. Wir werden unsere Willenskraft trainieren. Denn gerade die Willenskraft ist vielen Menschen im Laufe der Jahre der Misserfolge abhandengekommen.

Vielleicht haben wir noch Hoffnungen und Sehnsüchte, vielleicht träumen wir auch noch immer vom großen Erfolg. Aber wir besitzen oftmals nicht mehr genügend Kraft und Willen, uns aufzuraffen und aus dem Kreislauf des ermüdenden Alltags auszusteigen. Wenn wir nicht gelernt haben, uns selbst zu überwinden, tun wir uns schwer, unsere Durchsetzungskraft wieder zu wecken.

Wir alle kennen das. Wenn wir für einige Zeit nur sehr wenig unternommen haben, dann haben wir nur sehr wenig Energie zur Verfügung. Selbst die kleinsten Dinge kosten uns schon Überwindung.

Je weniger wir tun, desto schwerer
erscheint auch der kleinste Schritt.

Menschen, die gewohnt sind, viele Tätigkeiten gezielt auszuführen, machen viele Dinge wie von selbst. Menschen,
die es sich angewöhnt haben, wenig oder fast nichts mehr
zu tun, für die ist bereits die kleinste Tätigkeit ein großer
Kraftakt. Und da irgendwann selbst die kleinste Tätigkeit
viel zu anstrengend ist, unternehmen wir auch diese nicht
mehr und versinken immer tiefer in der Hoffnungslosigkeit.
Das Problem dabei ist:

Niemand kann dich aus dem energetischen Tal
wieder herausholen, wenn du es nicht selber willst.

Du musst also bereit dazu sein. Um diese Bereitschaft wachsen zu lassen, ist folgende Übung sehr gut geeignet.

Training zur Stärkung der Willenskraft

* *Nimm dir für den nächsten Tag etwas vor, was du für*
  gewöhnlich nicht immer tust.
  Wesentlich ist, dass du es dir *vornimmst*. Also dass du
  es bereits einen Tag vorher planst. Es ist ein Vorhaben.
  Gleichzeitig vereinbarst du mit dir, dass du dieses Vorhaben umsetzen wirst. Wichtig dabei ist aber, dass es
  etwas sein sollte, was für dich eher ungewöhnlich ist. Also
  etwas, bei dem du dich überwinden musst. Etwas, was
  dich zunächst etwas Kraft kostet. Es sollte etwas sein,
  was du nicht jeden Tag tust. Also etwas außerhalb deiner

Gewohnheit. Wenn du zum Beispiel jeden Abend fern-
siehst, nimm dir vor, stattdessen zu lesen. Wenn du dich
immer überwinden musst, Sport zu treiben, nimm dir vor,
am nächsten Tag fünf Kilometer zu laufen usw. Wenn du
daran gewöhnt bist, morgens aus dem Haus zu hetzen,
nimm dir vor, ausgiebig zu frühstücken. Wenn du es dir
angewöhnt hast, vor dem Fernseher zu essen, nimm dir
vor, ganz bewusst in der Küche eine Mahlzeit einzuneh-
men. Dir fallen sicherlich unendlich viele Gewohnheiten
ein, die du neu definieren und dann umsetzen könntest.

- *Schreibe es auf.*
Schreibe immer in dein Büchlein, was du dir vorgenommen hast, denn dann vergisst du es nicht. Außerdem wird
es so verbindlich. Es ist so etwas wie ein Vertrag mit dir
selbst. Dies hat wesentlich mehr Selbstmotivation zur
Folge. Darüber hinaus kannst du es, sobald es erledigt
wurde, durchstreichen oder einen Haken dahinter setzen.
Allein durch das Erledigen hast du ein Erfolgserlebnis.
Du wirst sehen, wie motivierend es ist, nach und nach in
dem kleinen Büchlein zu blättern und zu erkennen, wie
viel du bereits in so kurzer Zeit umgesetzt hast.

- *Übertreibe nicht gleich am Anfang.*
Für deine ersten Schritte solltest du dir etwas vornehmen, was dir nicht komplett unangenehm ist. Vielleicht
etwas, was du doch ganz gerne tust, aber ebenso gerne
immer wieder aufschiebst. Das muss gar nichts Großes
sein. Vielleicht ein aufgeschobenes Telefonat. Oder ein
Gespräch, das du schon lange führen wolltest. Oder das
Bearbeiten einer Mail. Vielleicht ist es auch das Umstel-
len von Möbeln. Oder du möchtest vielleicht einmal das

Vorhaben umsetzen, dir abends eine vollständige Mahlzeit zuzubereiten. Oder dein Bauchtraining zu machen.
Oder alte Fotos zu ordnen. Oder eine Schublade aufzuräumen.

*   *Mit wachsendem Vertrauen kannst du die Vorhaben steigern.*
    Mit jedem Tag kannst du dich schwierigeren Vorhaben
    widmen. Du kannst dir auch jetzt schon eine kleine Pla-
    nung anlegen. Dir Dinge notieren, zu denen du jetzt noch
    keine Kraft findest, die du aber mit wachsendem Selbst-
    vertrauen schon bald angehen wirst.

*   *Belohne dich.*
    Kleine Belohnungen machen dein Vorhaben attrakti-
    ver und motivieren dich zusätzlich. Überlege dir, was dir
    Freude bereiten würde. Es sollte etwas sein, was du auch
    wirklich bemerkst. Schreib es zum Vorhaben dazu und
    belohne dich nach getaner Arbeit. Lass die Belohnung zu
    einer Angewohnheit werden. Sie kann jedes Mal anders
    aussehen. Wichtig ist nur, sich bereits zu Beginn des Vor-
    habens eine Belohnung auszusuchen. Auf diese Weise
    aktivieren wir unser Belohnungszentrum im Gehirn.

Nimm dieses Training für einen bestimmten Zeitraum auf.
Vereinbare auch hier mit dir selbst einen Mindestzeitraum.
    Diese kleine Übung ist extrem hilfreich. Wir stärken
damit unser Selbstbewusstsein. Wir kräftigen unseren Willen. Wir überwinden die eigene Trägheit. Wir lernen wieder
die Zügel in die Hand zu nehmen. Wir lernen, Dinge zu
planen und umzusetzen. Und wir werden zu unserer eigenen
Führungskraft.
    Wenn wir uns entschieden haben, die Führung in unserem

Leben zu übernehmen, dann werden wir feststellen dass Freude, Hoffnung und Kraft wieder zurückkehren. Wir haben wieder Spaß daran, Projekte zu planen und unseren Visionen nachzugehen.

Erfolg ...
beginnt bei dir.

Wertschätzen üben

Die besten Reformer,
die die Welt je gesehen hat,
sind die, die bei sich selbst anfangen.
GEORGE BERNARD SHAW

Manche Menschen neigen dazu, vieles abzuwerten. Leider
auch sich selbst. Oftmals fallen dann Sätze wie: »Das war
doch nichts.«, »Das kann doch jeder.«, »Das ist noch nicht
genug.«, »Da fehlt noch …« Wenn zum Beispiel etwas zu
50 Prozent vorhanden ist, klagen sie eher über die noch feh-
lende Hälfte, als sich über den vorhandenen Teil zu freuen.

Wenn wir uns nicht wertschätzen, werten wir uns und
unsere Arbeit selbst ab. Wir schenken unserer Kritik mehr
Wert als unseren Leistungen. Wir demotivieren uns auf
diese Weise beständig. Wir *trainieren* uns auf diese Weise
regelrecht zum Misserfolg. Es gibt keinen Grund mehr, sich
anzustrengen, es wird ja doch nicht genügen. Das Ende ist
abzusehen; andere werden uns überholen, auch wenn sie
wesentlich weniger wissen oder können als wir. Menschen
mit ein bisschen mehr Selbstvertrauen werden all die Plätze
einnehmen, die wir auch so gerne gehabt hätten.

Wer sich selbst vertraut,
dem vertrauen auch andere.

Trainiere dich daher im Wertschätzen. Die folgende Technik ist ebenso einfach wie effektiv. Durch diese Übung wird uns bewusst, wie wir uns täglich behandeln.

Denke daran: Andere gehen mit uns immer so um, wie wir mit uns selbst umgehen. Diese Technik zeigt uns, wie wir mit uns selbst umgehen – und wie wir das zugleich anderen zeigen. Die Übung holt unsere unbewusste Selbstbetrachtung in unser Bewusstsein. Erst wenn wir darüber Kenntnis haben, können wir unseren Fokus in ganzem Umfang in die gewünschte Richtung lenken.

Wie du dich mehr und mehr selbst wertschätzt

- Wirf jedes Mal fünf Euro in ein Sparschwein, wenn dir eine Selbstabwertung über die Zunge rutscht. Es sollten wirklich fünf Euro und nicht weniger sein. Halte also genügend Kleingeld bereit.
- Nach einem Monat machst du dir mit dem Inhalt des Sparschweins ein Geschenk. Du wirst möglicherweise erstaunt sein, wie viel Geld zusammengekommen ist.
- Im nächsten Monat beginnst du dein Sparschwein von Neuem auf diese Weise zu befüllen.

Durch diese kleine Übung habe ich schon wahre Wunder erlebt. Vor allem diejenigen, die davon überzeugt waren, dass sie sich sehr gut behandeln, kamen aus dem Staunen nicht mehr heraus. Innerhalb kürzester Zeit veränderte sich die Wahrnehmung ins Positive, innerhalb kürzester Zeit öffneten sich die Türen zum Erfolg.

- Mache es dir zur Gewohnheit, dir vor dem Schlafengehen wenigstens ein Kompliment zu gönnen, das sich auf den zurückliegenden Tag bezieht.
- Rechne es nicht gegen das auf, was noch nicht so gut geklappt hat!

Erfolg ist ...
seine Wahrnehmung über
sich selbst zu wandeln.

Feiere jeden noch so kleinen Erfolg

Gleichgültig, wie groß oder klein deine ersten erfolgreichen Schritte sind, schenke deinen Erfolgen genügend Anerkennung. Gib jedem Schritt, den du gemeistert hast, deine volle Aufmerksamkeit.

Die eigene Achtung der kleinen Erfolge hilft
uns auf dem Weg zu den großen Erfolgen.

Diese Achtung können wir uns am besten geben, wenn wir unsere erfolgreichen Schritte nicht als selbstverständlich hinnehmen, sondern sie feiern.

Zum Feiern eignet sich alles. Zum Beispiel der anstrengende Frühjahrsputz, die Aussöhnung mit Freunden, das Malen eines Bildes oder der Nachmittag mit dem bzw. der Liebsten, das Überwinden des inneren Schweinehundes oder der Mut zu einem Vorstellungsgespräch. Selbst das Lächeln, das wir in ein anderes Gesicht zaubern, oder Worte der Ermunterung, die jemand anderem geholfen haben, aus seinem Tief zu kommen. Alles ist geeignet, sich selbst Motivation für weitere Erfolge zu schenken.

Freue dich über jeden noch so kleinen Erfolg.
Dann sind dir auch die großen Erfolge sicher.

Denn nun erkennt dein ganzes System, dass es nicht nur schön ist, Erfolg zu haben, sondern dass es dir anschließend besser geht. Du spürst, wie dein Selbstbewusstsein wächst. Du wirst immer seltener niedergeschlagen und motivationslos herumlaufen, sondern kraftvoll und voller Würde sein.

Und: Du musst nicht *alles* gut gemacht haben. Kein Mensch macht immer alles »gut« und »richtig«! Gehe barmherzig mit dir um. Gestatte dir Fehler, vor allem wenn du bereit bist, daraus zu lernen. Lache über deine Fehler. Wenn du möchtest, kannst du dich auch darüber freuen, denn nun hast du auch diese Erfahrung hinter dir. Es gibt keinen Grund, sie zu wiederholen.

Wenn wir erst die vielen kleinen Erfolge in unserem Leben erkennen, öffnen wir uns auch für die großen Erfolge.

- Feiere ab jetzt jeden Erfolg. Mach dies nicht nur theoretisch. Gehe nicht darüber hinweg. Je deutlicher für dich diese Anerkennung ausfällt, desto stärker wird deine künftige Motivation sein.
- Feiere vor allem die vermeintlich kleinen Erfolge.
- Klopf dir auf die Schulter.
- Sei stolz.
- Notiere deine Erfolge in dem kleinen Büchlein.

Wenn du mal wieder vergessen hast, einen weiteren erfolgreichen Schritt zu feiern, kannst du gleich fünf Euro in dein Sparschwein stecken.

Sich selbst zu feiern, ist Selbstachtung pur.

Oft werde ich gefragt, ob man dadurch nicht arrogant oder gar überheblich wird. Meine Erfahrung ist, dass die meisten Menschen eher Schwierigkeiten haben, sich selbst genügend zu achten und sich als wertvoll zu betrachten.

Ich selbst war das beste Beispiel für Nichtachtung der eigenen Leistung. Jahr für Jahr bin ich von Erfolg zu Erfolg geeilt, ohne es selbst wahrzunehmen.

Ich spielte eine Hauptrolle nach der anderen, manchmal war ich sogar für mehrere Fernsehsender gleichzeitig unterwegs. Selbst auf den eigenen Premieren war ich oft nur kurz, da ich bereits wieder auf dem Weg zu neuen Engagements war. Ich war regelrecht getrieben. Da nichts gut genug war und ich meinen Erfolg als solchen nicht würdigte, ging ich immer weiter, ohne jemals den Erfolg genießen zu können. Ja, ich konnte ihn nicht einmal sehen. Ich sah nur das, was ich noch nicht geschafft hatte.

Und da ich mich selbst als gering einstufte, hob ich alle anderen fast neidisch in den Himmel. Stets spielte ein anderer die noch besseren Rollen, stets empfand ich, dass andere geachteter waren als ich selbst. Ständig verglich ich mich und arbeitete noch intensiver, ohne jemals zufrieden zu sein.

Erst als ich begann, all die täglichen kleinen Erfolge zu feiern – eine Übung, die mir anfangs gar nicht so leichtfiel, da ich doch nur auf die großen Erfolge geeicht war –, begann auch die Zufriedenheit in meinem Leben Einzug zu halten.

Diese Lektion habe ich im Übrigen von meiner einjährigen Tochter erhalten. An ihrem strahlenden Gesicht erkannte ich, was Erfolg alles sein konnte. Die ersten

Schritte, die ersten Worte, das erste gemalte Bild, der erste gefangene Ball. Jeder Tag ein neuer grandioser Erfolg.

Anfangs notierte ich mir all ihre Erfolge, und weil ich mich mit ihr so freute, begann ich einmal auch das Augenmerk auf mich selber zu richten. Das Mittagessen, das ich so genussvoll zubereitet hatte, die kleine berührende Geschichte, die ich geschrieben hatte, das Fahrrad, das ich repariert hatte, das Spiel, das ich für meine Tochter erfunden hatte, der Keller, den ich aufgeräumt hatte, die jungen Autoren, denen ich bei Korrekturarbeiten geholfen hatte, der Freund, dem ich finanziell aus der Misere geholfen hatte.

Wie viele Erfolge haben wir jeden Tag, ohne es zu bemerken! Da war auch der Einkauf, den ich der alten Frau in die Wohnung schleppte, die Abhandlung über Quantenphysik, die ich endlich verstanden hatte, die Freude, als ich sah, wie meine Tochter alleine die Rutsche hochstieg, der Bau des großen Iglus in unserem Garten, in dem zwei Menschen bequem Tee trinken konnten. Und Julia, die so friedlich und ruhig in meinem Arm schlief, weil der Tag so aufregend gewesen war.

Plötzlich machte das Leben wieder Spaß. Der wundervolle Nebeneffekt war, dass ich diese Zufriedenheit mit mir selbst auch auf andere ausstrahlte. Ich wurde nicht nur ein angenehmer Zeitgenosse, mit dem man gerne seine Zeit verbrachte, ich wurde sogar ein erfolgreicher Zeitgenosse. Nur diesmal kamen die Erfolge auf wesentlich spielerischere und leichtere Weise. Seitdem feiere ich jeden noch so kleinen Erfolg.

**Erfolg ist ...
damit anzufangen, sich selbst mit
Stolz und Freude zu betrachten.**

Solange wir nur das Leben anderer verfolgen, werden wir nicht zu uns finden

*Manche leben
mit einer so erstaunlichen Routine,
dass es schwerfällt zu glauben,
sie lebten zum ersten Mal.*

Stanislaw Jerzy Lec

Michaela und ich hatten vor vielen Jahren unseren Fernseher für fast ein Jahr in den Keller verbannt. Wir hatten so einen großen, so einen, der das ganze Wohnzimmer einnimmt und sich ständig dem Auge aufdrängt und bei dem man jede Sekunde daran erinnert wird, dass man gerade etwas Wesentliches versäumt, wenn man ihn nicht umgehend einschaltet.

Als wir den Fernseher in den Keller schafften, begann für uns beide eine wirklich interessante Erfahrung. Das Wohnzimmer war plötzlich so leer. Und wir fragten uns: Was machen wir jetzt abends?

Plötzlich hatten wir wieder Zeit für uns. Zeit, die wir nicht kannten. Am ersten Abend tat sich Langeweile auf. Sollten wir den Fernseher nicht wieder nach oben holen? Wir versuchten, unsere Langeweile zu überbrücken. Wir lasen Bücher, unterhielten uns und nahmen uns plötzlich ganz anders wahr als bisher. Bewusster, entspannter, großzügiger. Wir führten ein anderes Leben. Vor allem nahmen wir uns auch selber bewusster wahr. Niemand quatschte uns dazwischen, nichts zog beständig unsere Konzentration ab.

In dieser Zeit war ich so kreativ wie noch nie. Ich ging neuen Ideen nach, schrieb ein Theaterstück, das zu schreiben ich schon immer vorgehabt hatte, und ich fand auf Anhieb einen Verlag. Dieses Stück »Das ist mein Bett« wurde inzwischen in mehreren Städten erfolgreich aufgeführt.

Ich begann intensiver zu fotografieren und schuf damit viele Motive für unsere Kartensets.

Michaela begann mit der Heilpraktikerausbildung, und ich studierte all die psychologischen und wissenschaftlichen Abhandlungen, die heute einer der Grundsteine meines Wissens sind. Wir genossen unsere Abende. Wir waren erfüllt von uns.

Erst ein Jahr später, als ein wichtiges Fußball-Finale im Fernsehen live übertragen wurde, schleppten wir den Fernseher wieder nach oben. Nicht sofort, aber Tag für Tag zog uns die flimmernde Scheibe immer stärker in ihren Bann, und bald hatten wir die alte, völlig unkreative Gewohnheit wieder aufgenommen: Abendessen, Fernsehen, Schlafengehen. Wer will so ein Leben?

In unserem Wohnzimmer sprachen ganz viele Menschen.
Nur wir nicht.

In unserem Wohnzimmer dachten ganz viele Menschen über die Zukunft nach. Nur wir nicht über unsere.

Willst du erfolgreich sein, dann lass doch in deinen Räumen mal *deine* Stimme sprechen. Oder noch besser: Höre mal ein bisschen auf deine *innere* Stimme. Die kann man nicht hören, wenn der Fernseher läuft und man die Dramen und Abenteuer anderer Menschen nachlebt. Man kann sich überhaupt nur schwer wahrnehmen, wenn die Sinne allabendlich auf die Tragödien dieser Welt gelenkt werden.

Die innere Stimme ist kein Mysterium. Sie meldet sich ganz selbstständig, ohne unser Zutun. Sie macht sich manchmal in Form von Gedanken bemerkbar. Manchmal ist es ein Gefühl, eine Erinnerung, oder es sind Bilder, die vor unserem geistigen Auge entstehen.

Wir können unsere innere Stimme führen. Und zwar am besten, indem wir sie ansprechen und bitten, mit uns zu kommunizieren. Wenn wir unseren Gedanken freien Lauf lassen, können wir sie ebenfalls wahrnehmen. Diese innere Instanz benötigt allerdings Zeit und Ruhe. Und eine gewisse Form von Besinnlichkeit. Wir müssen also entspannt und ausgeglichen sein. In der Anspannung oder gar in der Hektik des Alltages werden wir unsere innere Stimme nie wahrnehmen.

Solange wir nur das Leben anderer verfolgen,
werden wir nicht zu uns finden.

Wir spielen in unserem Leben nur dann eine Hauptrolle, wenn wir uns ernst und wichtig nehmen. Wollen wir erfolgreich sein, benötigen wir Ziele. Um aber unsere Ziele herauszufinden, brauchen wir Zeit und eine gewisse Form von innerer Einkehr. Wir wollen ja Pläne schmieden und uns vorstellen, wie es sein wird. Wir visualisieren. Wir träumen. Wir gehen in die Vorfreude. Wir werden uns bewusst. Wir schlafen damit ein. All das geht nur, wenn wir es schaffen, uns nicht Abend für Abend volldröhnen zu lassen.

- Probier es doch einfach einmal. Schieb deinen Fernseher für eine Woche in eine Kammer.
- Verbanne ihn aus deinem Gesichtskreis und deiner Aufmerksamkeit.
- Erst dann wirst du bemerken, wie sehr das Fernsehen unser tägliches Leben beherrscht.
- Lege die Beine hoch und achte einfach mal auf die Stille, die dich umgibt.
- Wahrscheinlich wird es dir merkwürdig vorkommen, nichts zu tun. Wir sind es nicht mehr gewöhnt, mit uns alleine zu sein.
- Notiere dir, was sich für dich verändert. Notiere dir auch die Unterschiede von Abend zu Abend. Spüre, wie du mit jedem Abend sicherer und fester wirst.

An folgenden Merkmalen kannst du erkennen, wie sehr du bereits vom Fernsehen abhängig bist: Wenn du diesen Vorschlag für den größten Blödsinn aller Zeiten hältst. Wenn du meinst, das kannst du ja irgendwann einmal machen. Wenn du glaubst, dass man heutzutage fernsehen muss, um up to date zu bleiben. Wenn du viel zu müde bist, um jetzt auch noch über deine Zukunft oder über dich selbst nachzudenken.

Das Fernsehen lässt uns nicht nachdenken, nicht zur Ruhe kommen und keine Pläne schmieden.

Aber jeder Erfolg beginnt immer bei den eigenen Gedanken. Nur du allein entscheidest, wann und wie du deine
Gedanken ordnen möchtest. Vielleicht wäre heute Abend
ein guter Abend dafür.

**Erfolg ist ...
sich über seine Gedanken
klar zu werden.**

Unsere Gedanken
vor dem Schlafengehen
auf unsere Ziele zu lenken,
ist ziemlich bedeutend.

Die Hirnforschung hat herausgefunden,
dass unser Gedächtnis nicht am Tag,
sondern in der Nacht gespeichert
und aufgebaut wird.

Je näher wir dem Schlafen kommen,
desto intensiver
werden all die Bilder und Gedanken,
mit denen wir uns beschäftigen,
zu unserer Erinnerung.

Wenn wir uns abends
mit unseren Zielen beschäftigen,
schaffen wir immer mehr die Gewissheit,
dass wir auch dazu fähig sind,
sie zu erreichen.

Vor allem bauen wir diese Gewissheit
in unser Gedächtnis ein.

Nutze die Kraft der inneren Bilder

Alles, was denkbar ist,
ist auch machbar.
SOKRATES

Wenn du die Abende endlich wieder für dich hast, kannst du die gewonnene Zeit sehr gut für das Manifestieren von Erfolg nutzen. Dabei hilft sehr gut die Kraft der inneren Bilder. Die Psychologie nennt das Visualisieren. Mit *Ziele visualisieren* bezeichnet man den *Vorgang*, sich in Gedanken das erreichte Ziel vorzustellen. Am besten geht das, wenn du dich an einen Ort zurückziehst, an dem du dich wohlfühlen und abschalten kannst und wo dich niemand stört. Es funktioniert vor allem abends, wenn nicht mehr so viele Aufgaben auf dich warten und du entspannt den Tag ausklingen lassen kannst. Auch wenn du bereits im Bett liegst und noch nicht ganz so müde bist, klappt das Visualisieren wunderbar.

Beim Visualisieren geht es darum, sich das zu erreichende Ziel in positiven (!) Bildern vorzustellen. Am besten so genau wie möglich.

Auch Sportler nutzen diese Technik. Beispielsweise Skirennläufer, die *vor* dem Start mit geschlossenen Augen in Gedanken die Strecke hinunterfahren und sich dann vorstellen, wie sie – noch immer in Gedanken – im Ziel auf die

Zeittafel blicken und einen Freudensprung machen, weil sie mit großem Vorsprung führen. Sie visualisieren also ihren Sieg. Erst dann geht's an den Start.

Im weitesten Sinne ist es sehr gezieltes Tagträumen. Hast du zum Beispiel Pläne für eine neue Arbeit, dann stelle dir beispielsweise bildlich vor:

- die glücklichen Gesichter deiner Mitarbeiter. Weil du so viel weißt, so viel kannst.
- wie dein Vorgesetzter mit dir zufrieden ist und dich lobt.
- wie du Anerkennung bekommst.
- wie die Kollegen dich wertschätzen.
- wie du überraschend Chancen bekommst.
- wie deine Firma expandiert.
- wie deine Auftragsbücher gefüllt sind.
- wie zufrieden deine Kunden sind.
- wie es sich anfühlt, von deinen neuen Kollegen anerkannt zu werden.
- wie dein Bankkonto gefüllt ist.
- wie gerne du diese Tätigkeit ausübst.
- Tu in Gedanken so als ob.
- Mach es so realistisch wie möglich.
- Höre und *spüre* den Beifall, den du bekommst.

Das Spüren ist wesentlich. Die Emotionen, die du dabei empfindest, haben einen wichtigen Anteil an der Wirksamkeit des Visualisierens. Gedanken gepaart mit Emotionen sind viel intensiver. Sie bleiben stärker im Gedächtnis haften.

Fühle zum Beispiel die Freude, wenn du das Haus einrichtest, das du dir gewünscht hast. Oder das Glück, wenn du dein Manuskript beim Verlag abgibst und das fertige Buch einige Zeit später in der Auslage einer Buchhandlung siehst. Spüre das innere Lächeln, wenn du deinen Traumpartner umarmst oder dir einen anderen Lebenstraum erfüllst.

Stell dir den Weg *und* das Ziel vor. Und das Glücksgefühl, wenn du dein Ziel erreichst.

- Übe das Visualisieren über einen längeren Zeitraum vor dem Schlafengehen.
- Notiere, welche Veränderungen du an dir oder deiner Umgebung wahrnimmst.
- Verändert sich auch dein Schlaf? Wie wachst du auf?
- Notiere dir deine Gedanken und Ideen beim Aufwachen.

**Erfolg ist ...
die inneren Bilder für sich
arbeiten zu lassen.**

Viele glauben, dass Erfolg
sich wie ein unsichtbares Geschenk um einen legt.
Man wird begünstigt. Vom Schicksal, dem Universum,
oder man hatte einfach nur Glück.

Viele glauben auch, um Erfolg zu haben,
benötige man einflussreiche Freunde,
viel Kapital oder ein gewisses Maß an Genialität.

Aber die zur Zeit reichsten Menschen
kommen alle aus einfachen Verhältnissen.
Sie hatten keine reichen Freunde oder viel Geld,
auf das sie ihr Imperium hätten stützen können.
Sie hatten nicht einmal Glück.

Wenn man diese Menschen befragt,
dann sagen alle das Gleiche.
Sie hatten nur eines:
Sie glaubten an sich und ihre Idee.
Sie waren von sich überzeugt.
Sie waren sich sicher, dass sie es schaffen werden.

Sylvester Stallone schrieb sein erstes Drehbuch
in der Garage.

Microsoft
wurde in einem kleinen Hinterzimmer geschaffen.
Apple von zwei Freunden, die an PCs herumbastelten.

Du besitzt bereits alles, um erfolgreich zu sein:
deinen Glauben an dich.

Nutze die Kraft des Glaubens

Wer nicht an den Erfolg glaubt,
glaubt an den Misserfolg.

»Du musst einfach nur daran glauben.« Diesen Satz hat wohl jeder von uns schon einmal zu hören bekommen. Genauso oft haben wir Menschen die Nase rümpfen sehen, wenn sie die Kraft des Glaubens einsetzen sollten. In unserer modernen, wissenschaftlich orientierten Gesellschaft wird der Glaube oftmals diffamiert und ins Lächerliche gezogen.

Dabei ist der Glaube die stärkste Kraft, die in uns wohnt. Ohne den Glauben an uns und unsere Fähigkeiten, könnten wir keinen Tag beginnen oder begehen. Wenn wir nicht daran glauben würden, wieder aufzuwachen, würden wir uns nicht so ruhig schlafen legen.

Jeder von uns glaubt also an unendlich viele Dinge. Selbst der »ungläubigste« Mensch besitzt einen starken Glauben. Er glaubt sehr stark daran, dass etwas in seinen Augen »nicht wahr« ist.

Die meisten Dinge, an die wir glauben, sind nicht wirklich wichtig für uns und unsere Weiterentwicklung. Gleichwohl hat dieser Glaube Auswirkungen auf unser Leben. Wenn wir zum Beispiel glauben, dass das Meer warm ist, gehen wir schwimmen. Glauben wir dagegen, dass es zu kalt ist, bleiben wir lieber draußen. Glauben wir, dass der Zug pünktlich geht, werden wir rechtzeitig am Bahnhof sein. Gehen wir davon aus, dass unser Partner uns etwas zum Geburtstag schenken wird, sind wir enttäuscht, wenn das nicht geschieht. Glauben wir, dass jemand schlecht über uns redet, dann sind wir ihm gegenüber voreingenommen und distanziert. Wir vertrauen ihm nicht mehr. Wir ändern sogar unsere Einstellung zu ihm und werden ihn nicht mehr wirklich mögen.

Der Glaube an sich ist vollkommen wertfrei. Deswegen können wir ihn auch für oder gegen uns einsetzen. Das, woran wir glauben, besagt zunächst nur, was wir für wahr halten.

Der Glaube ist eine innere Haltung,
aus deren Blickwinkel wir die Dinge betrachten.

Wir halten also viele Dinge für wahr, auch wenn dem gar nicht so sein muss. Der Zug kann trotzdem zu spät kommen, und vielleicht redet niemand schlecht über uns – aber allein weil wir von einer bestimmten Voraussetzung ausgehen, richten wir unser Leben danach aus.

Wir sind abhängig von unserem Glauben. Er ist die Grundlage für jegliche Bewegung.

Wir richten unser Leben nach unserem Glauben aus.

Wenn wir glauben, dass wir keinen Erfolg haben werden, werden wir unsere Tätigkeiten nicht für unser Ziel einsetzen. »Es hat ja sowieso keinen Sinn.«

Wenn wir dagegen glauben – man kann auch sagen, wenn wir davon überzeugt sind –, dass wir erfolgreich sein werden, wird uns dieser Glaube darin unterstützen *dran*zubleiben und wir werden unsere Bemühungen wahrscheinlich sogar noch intensivieren.

Der Glaube ist der eigentliche Motor. Er gibt uns die Kraft, alte Gleise zu verlassen und neue Wege auszuprobieren.

Glauben wir an den Fortbestand der Liebe, gehen wir das Wagnis einer Ehe ein, obwohl wir um uns herum beständig sehen, dass sich Menschen trennen. Und zwar Menschen, die früher einmal ebenfalls an den Fortbestand der Liebe geglaubt haben. Da wir aber glauben, dass wir mit diesem ganz bestimmten Menschen auch noch in zwanzig Jahren glücklich sein werden, unterzeichnen wir im tiefsten Vertrauen – allein basierend auf dem Glauben, dass es so eintreten wird – beim Standesamt einen Vertrag, der uns mit diesem Menschen künftig verbindet. Es gibt keine Garantie, dass die jetzigen Gefühle zu diesem Menschen in zwanzig Jahren auch noch so sein werden. Es gibt nur unseren Glauben daran.

Auch alle lieben Mitmenschen um uns herum können uns hier nicht ratgebend helfen. Denn ihr Rat hängt nur von *ihrem* Glauben ab. Haben sie eine schlechte Erfahrung gemacht, werden sie uns von der Ehe abraten. Sind sie noch immer mit ihrem Partner glücklich vereint, werden sie unser Vorhaben befürworten.

Wer sagt nun die Wahrheit? Ganz einfach: Jeder sagt *seine* Wahrheit nach seinem Glauben. Und dieser Glaube fußt immer auf ganz persönlichen Erfahrungen.

Menschen, die gescheitert sind oder neidisch oder eifersüchtig, werden uns immer von neuen Vorhaben abraten. Erfolgreiche Menschen, die glücklich und beseelt von ihrem Tun sind, werden uns immer unterstützen.

Unser Glaube kann uns also fördern oder bremsen.

Dabei spielt es für unseren Erfolg zunächst keine sehr wesentliche Rolle, ob der Glaube sich als richtig oder falsch herausstellen wird, wichtig ist nur, dass wir ohne den Glauben an unseren Erfolg nichts in unserem Leben beginnen werden. Es ist der Glaube, der uns vorantreibt und uns Kraft, Vertrauen und Euphorie schenkt.

Der Glaube kann uns aber auch daran hindern, erfolgreich zu sein. Zwischen unseren Zielen und dem Erfolg stehen uns fast immer unsere eigenen Ängste und Zweifel im Weg. Ängste, Zweifel, Sorgen sind nur die Umkehrung des positiven Glaubens – in diesem Fall glauben wir an das Destruktive, Zerstörerische.

Ängste zu haben bedeutet nur, an das Falsche zu glauben.
Wir glauben dann an unser Scheitern.

Wenn Menschen unsere Fähigkeiten bezweifeln, zweifeln sie auch meist an der Kraft unseres Glaubens. Sie stufen unseren positiven Glauben dann entweder als pure Überheblichkeit oder maßlose Selbstüberschätzung ein oder empfinden ihn schlichtweg als reine Tagträumerei.

Auch ich durfte dies stets erfahren, wenn ich etwas Neues begann. Was mir dabei auffiel, war, dass es fast immer nur diejenigen waren, die mich auf diese Weise attackierten, die selbst keinen Erfolg hatten oder mit ihrem Leben unzufrieden waren. Da sie für sich keinen Weg gefunden hatten, konnten sie sich nicht vorstellen, dass es mir besser ergehen würde. Es fragen also gerade diejenigen, die nicht an unseren Erfolg glauben, nach unserem Glauben. Und gerade diejenigen, die selbst am wenigsten Glauben für sich aufbringen, halten unseren Glauben eher für schwachsinnig.

Menschen, die nicht oder nur wenig
an sich selbst glauben, glauben auch nicht,
dass andere an sich glauben können.

Wenn man glaubt, hat man keine rationalen Gründe parat. Glauben hat etwas mit dem Herzen zu tun. Und da der Glaube eng mit dem Herzen verknüpft ist, finden wir beim Glauben auch häufig sehr starke Emotionen. Im Positiven wie im Negativen.

Derjenige, der von seiner Sache überzeugt ist, ist voller Euphorie. Derjenige, der eine Sache anzweifelt, hat selten gute Argumente parat, dafür aber jede Menge heftiger, abwehrender Emotionen. Er glaubt eben. In diesem Fall, dass es nicht funktioniert.

Es ist die schöpferische Kraft, die tätig wird. Im Positiven wie im Negativen.

Glauben wir an den schlechten Ausgang einer Situation, wird sich eben auch dies bewahrheiten. Wir sagen dann gerne: »Das habe ich doch gleich gewusst.«

Wer nicht an den Erfolg glaubt,
kann keinen Erfolg haben.

Zweifel bescheren uns negative Gefühle. Der Glaube an den
Erfolg beschenkt uns dagegen mit positiven Gefühlen. Wollen
wir unser Leben wieder angenehmer gestalten, sollten
wir beginnen, wieder an unsere Kraft und an das Erreichen
unseres Lebenstraumes zu glauben.

Alles, was wir glauben, strebt nach Verwirklichung. Im
Positiven wie im Negativen. Es ist die Kraft des Glaubens
an die Sache, die von der inneren Ebene im Außen manifestiert
wird.

An sich zu glauben, bedeutet, sich zu vertrauen.

Der Glaube an unser Ziel bündelt unsere Energie in die
gewünschte Richtung. Er hält unsere Visionen aufrecht.
Er schenkt uns Vertrauen. Und Durchhaltevermögen. Vor
allem aber stützt der Glaube unsere Überzeugung.

Erfolg ist immer nur die Folge von
richtigen Überzeugungen und Glaubenssätzen.

- Überlege dir doch einmal, was du alles *nicht* gemacht hättest,
  wenn du *nicht* daran geglaubt hättest.
- Schreib all die Dinge auf, die dir dazu einfallen.
- Es gibt bestimmt unzählige Dinge in deinem Leben,
  die du nur durch die Kraft des Glaubens begonnen und
  erfolgreich ausgeführt hast. Notiere dir diese Dinge ebenfalls.
- Überleg dir nun, welche Pläne du gerne verwirklicht
  sehen möchtest. Um das Unterbewusstsein von unseren
  positiven Plänen zu überzeugen, müssen wir unsere Ziele

und Ideen mit positiven, angenehmen Bildern und Affirmationen belegen.

- Die beste Zeit dafür ist abends, vor dem Schlafengehen.
- Probiere es aus, heute Abend. Denke und glaube an das *Gelingen* deines Vorhabens.
- Werde auch emotional. Emotionen verstärken unsere Erinnerung im Gehirn. Wir *fühlen* uns in das *Gelingen* unseres Vorhabens.

In unserem Leben ist nur das wirksam,
woran wir glauben.

Nur die Kraft des Glaubens erlaubt es uns, Dinge entstehen zu lassen und eine neue, gewünschte Wirklichkeit zu leben. Die reale Erfüllung unseres Wunsches oder Lebenstraumes benötigt unseren *uneingeschränkten* Glauben daran. Wenn wir an etwas glauben, gehen wir davon aus, dass es sich auch so ereignen wird.

Erfolg ist etwas, was als Folge unseres Glaubens er-folgt. Alles, was wir glauben, ist geistig bereits Wirklichkeit.

Erfolg ist ...
daran zu glauben.

Umgib dich mit Menschen,
die stark an sich selbst glauben.

Umgib dich mit Menschen,
die dich in deinem Glauben stärken.

Umgib dich mit Menschen,
die an dich glauben.

An die eigene Größe glauben

Es geschieht immer das, woran du glaubst;
der Glaube an eine Sache sorgt dafür,
dass sie geschieht.
FRANK LLOYD WRIGHT

Eines Nachts stand ich ängstlich vor Michaelas Bett und rüttelte sie wach. Ich war in Sorge. Wir hatten uns übernommen, zu viel zugemutet. Ich hatte mit der Schauspielerei aufgehört und zu schreiben begonnen. Und nun kam schon seit einiger Zeit kein Geld mehr ins Haus. Das Ende unser Ersparnisse war abzusehen. Für mich war klar, dass ich wieder in meinen alten Beruf zurückkehren musste, damit ich die Familie weiterhin ernähren konnte.

Michaela jedoch sah mich nur mit erstaunten Augen an. Sie konnte meine Zweifel nicht teilen. Schreiben sei doch meine Sehnsucht, sagte sie. Wenn sich das für mich so richtig anfühlte und ich meinen Ängsten keinen Raum geben würde, dann wäre es das wert, dass wir es ausprobierten. Sonst würden wir nie erfahren, ob wir nicht vielleicht doch groß genug gewesen wären, auch Großes zu leisten.

Mein Herz war immer noch ängstlich. Aber erfüllt von so viel Zuversicht war ich mir sicher: Mit Michaela im Rücken könnten wir es schaffen.

Ich begann meinen Blick vom schrumpfenden Bankkonto

abzuwenden und konzentrierte mich nur noch auf den künftigen Erfolg, den ich mir ausmalte. Ich gab all meine Liebe
und Kraft in meine Bücher, und immer wenn sich wieder ein
Zweifel bei mir meldete, motivierte ich mich mit der Vorstellung meines fertiggestellten Buches und dem strahlenden
Gesicht des Verlegers.

Immer wenn ich an meinen künftigen Erfolg dachte, fiel
mir das Schreiben ganz leicht, immer wenn die Sorgen Vor-
rang gewannen, war ich wie blockiert. Immer wenn ich mich
selbst davon überzeugte, dass ich es schaffen könnte, wuchs
ich über mich hinaus. Allein die Vorfreude gab mir einen
Vorgeschmack auf die eigene Größe.

Und Michaela begleitete mich stets mit ihrer Zuversicht.
Ohne Michaelas Zuversicht, wer weiß ob ich wirklich am
Schreiben festgehalten oder doch eher meinen Ängsten
Raum geschenkt hätte. Welch ein wundervolles Glück, auf
diese Weise gefördert worden zu sein.

Noch heute denken wir immer wieder an diese Nacht
zurück. Immer wenn wir wieder einmal vor einer größeren Entscheidung stehen. Heute wissen wir, wir können viel
mehr schaffen, als wir uns jetzt vielleicht selbst zugestehen.

Ängste gehören zu Veränderungen dazu.

Natürlich haben wir Ängste. Unser Verstand rebelliert.
Beginnen wir mit etwas Neuem, hat unser Verstand keine
Erfahrung, auf die er zurückgreifen könnte. Er weiß nicht,
wie er uns helfen kann. Und da er nicht weiß, wie es werden
wird, rät er uns dringend, die Finger von neuen, unbekannten Dingen zu lassen.

Aber bereits nach den ersten Schritten, nach den ersten kleinen Erfolgen wird sich die Aufregung des Verstandes wieder legen. Wir erkennen plötzlich, dass wir es tatsächlich schaffen können, dass wir an Fähigkeiten hinzugewinnen und sich neue Türen öffnen. Türen, von denen wir bisher keine Ahnung hatten.

Wir wachsen mit unseren Aufgaben, werden größer und größer und stellen plötzlich erstaunt fest, dass wir tatsächlich auch zu Großem fähig sind. Nur, das Große fühlt sich mittlerweile für uns ganz normal an. Kein Wunder, wir sind ja schließlich mit unseren Aufgaben gewachsen. Wir haben gelernt, was wir alles können, und vertrauen auf unsere neuen Fähigkeiten.

Aber schon bald wird die nächste Veränderung anstehen. Schließlich wollen wir ja weiterwachsen. Natürlich bekommen wir dann erneut die kleinen und großen Ängste zu spüren. Aber jetzt wissen wir, dass wir von Stufe zu Stufe mitwachsen werden. Und dass wir tatsächlich zu Großem fähig sind.

Jeder von uns kann größer werden,
als es unsere Ängste uns heute vielleicht noch vorgaukeln.

Auch du kannst größer werden. In Wahrheit bist du es schon. In Wahrheit warst du es schon immer. Du hast es nur vergessen.

Wenn wir eine tiefe Sehnsucht in uns spüren,
gibt es immer auch die Möglichkeit der Realisierung.

Sehnsüchte entstehen aus unseren eigenen Tiefen. Aus diesem Grund liegt dort auch die Wahrheit für uns. Meine lag im Schreiben. Nie hätte ich mir damals ausgemalt, sogar mehrere Bücher zu schreiben und so viele Menschen damit positiv zu beeinflussen. Ich wuchs mit der Tätigkeit. Mit jedem Tag entwickelte ich mich weiter und mit jedem Tag wurden all die Selbstzweifel kleiner und kleiner.

Vielleicht stehst du auch irgendwann nachts mit großen Sorgenfalten vor einem Bett und weißt nicht, ob du das Wagnis des Neuen eingehen sollst. Dann sei dir gewiss: Auch du bist zu Großem fähig. Auch wenn du jetzt im Moment noch nicht daran glauben magst.

- Betrachte deine Ängste in aller Ruhe. Schreib sie dir ruhig auf. Sei ehrlich zu dir selbst.
- Anschließend schreibst du auf, welche Vorteile du hättest, wenn du deine Ziele erreichen würdest.
- Schenke deinen Sehnsüchten dabei genügend Raum.
- Wie fühlt es sich an, wenn sich dein Traum verwirklicht?
- Betrachte nun die Vor- und Nachteile. Entsprechen deine Ängste wirklich der Wahrheit, oder sind sie nur Ausdruck von Unkenntnis, weil das Neue noch zu unbekannt ist.
- Sind deine Ängste es wert, dass du auf deinen Traum verzichtest?
- Ist dein Traum realistisch?
- Wenn du es für möglich hältst, dann gehe deinen Traum an.
- Sonst wirst du nie erfahren, ob du nicht vielleicht doch groß genug gewesen wärst, auch Großes zu leisten.

Erfolg ist ...
an seine eigene
Größe zu glauben.

Kein Mensch ist wirklich erfolglos.

Viele sind wunderbar erfolgreich damit,
sich selbst und anderen zu beweisen,
wie erfolglos sie sind.

Reichlich geben können

Erfolg spielt sich nicht nur im Äußeren ab,
sondern zu einem viel größeren Teil
in unserem Inneren.

Wenn wir uns selbst als nicht erfolgreich empfinden, werden wir unbewusst immer nach Bestätigung dieses Mangelgefühls suchen. Da sich unsere Wahrnehmung nach unseren Überzeugungen richtet, legen wir unseren Fokus auf das, was wir tief im Herzen empfinden. Finden wir dort Gedanken von Hoffnungslosigkeit, Selbstmitleid oder aber den Glauben, dass uns die Welt vernachlässigt und wir nicht geliebt werden oder wir niemals erfolgreich sein können, richtet sich alles in uns nach dieser Vorstellung aus. Man könnte auch sagen, dass wir regelrecht nach Misserfolg suchen, um uns selbst in dieser Überzeugung zu bestätigen.

Nicht selten zum Beispiel bestärken wir uns und andere beständig darin, wie wenig Geld wir haben, wie wenig Beachtung wir bekommen oder wie schwierig es ist, einen guten Job zu finden. Genau diese Überzeugungen sind es aber, die uns immer tiefer in das Bewusstsein von Misserfolg sinken lassen.

Natürlich wollen wir erfolgreich sein. Wir sehnen uns danach. Manchmal sind wir schon fast wütend, weil so vieles uns verwehrt wird. Aber Gefühle wie Wut, Eifersucht,

Neid oder Missgunst bestärken uns nur darin, dass wir es bisher nicht geschafft haben.

Aus diesem Kreislauf der negativen Gedanken sollten wir also besser aussteigen. Aber das sagt sich so einfach. Denn gerade wenn wir uns schon eine Weile in der Abwärtsspirale von Misserfolg befinden, ist es für uns nur sehr schwer vorstellbar, dass sich noch etwas ins Positive wenden könnte.

Erfolg muss für uns aber wieder vorstellbar sein.

Wir müssen nicht nur nach Erfolg streben – also nicht nur im Äußeren nach Anerkennung suchen –, sondern uns auch erfolgreich fühlen. Aber wie sollen wir das tun, wenn dies doch nicht der Wahrheit entspricht?

Halten wir noch mal kurz fest: Wir haben keinen Erfolg. Und weil wir keinen Erfolg haben, bestätigen wir uns und anderen ständig diesen misslichen Zustand. Dies entspricht natürlich durchaus der Wahrheit, aber – und das ist nun wirklich fatal – auf diese Weise setzen wir unsere mentale Kraft immer nur dazu ein, weiterhin den Zustand von Misserfolg beizubehalten.

Die mentale Kraft ist der eigentliche
Motor für all unser Tun.

Im Positiven wie auch im Negativen.

Dann sollten wir also schauen, dass wir unsere mentale Kraft ein wenig stärken und in die gewünschte Richtung lenken. Dafür gibt es verschiedene Möglichkeiten. Ein paar davon haben wir bereits beleuchtet. Aber so manchem

Menschen fällt es nicht so leicht, seinen eigenen Affirmationen Glauben zu schenken, und nicht jeder schafft es vielleicht, immer wieder Bilder von Wohlstand und Erfolg in sich zu erzeugen. Nur allzu oft holt uns die Wirklichkeit ein und bremst unseren anfänglichen mentalen Schwung.

Wenn es uns nun nicht sonderlich gut gelingt, positiven Einfluss auf unsere Gedanken zu nehmen, dann können wir unsere Überzeugungen ebenso auch von außen beeinflussen. Auch dazu gibt es natürlich mehrere Möglichkeiten. Eine der wirksamsten Methoden möchte ich jetzt vorstellen. Mir hat sie immer sehr geholfen. Ich kann sie also nur nachhaltig empfehlen. Auch wenn der folgende Vorschlag nur vorrangig eine Äußerlichkeit zu sein scheint, verändert es dennoch die mentalen Programme in unserem Gehirn nachhaltig. Vielleicht hast du schon einmal davon gehört. Die Idee ist gar nicht so neu. Sie heißt: »Den Zehnten geben«.

Zehn Prozent von deinem Einkommen oder deinem Besitz nutzt du dazu, andere Menschen zu unterstützen. Man kann den Zehnten geben, indem man Menschen, die auf Hilfe angewiesen sind, ganz *direkt* unterstützt. Ebenso kann man wohltätige Organisationen unterstützen oder in einem fernen Land Patenschaften übernehmen. Man kann aber genauso gut den Zehnten geben, indem man positive Gedanken an andere Menschen verteilt. Oder seine Zeit. Oder tatkräftige Unterstützung anbietet.

Der Zehnte ist nicht immer zwangsläufig der Zehnte des Einkommens oder des eigenen Kapitals. Sondern damit ist hauptsächlich gemeint, dass wir überhaupt für andere Menschen wohltätig werden.

Wenn wir es schaffen, den Zehnten zu geben, zum Beispiel

von unserem Geld – gleichgültig wie viel Geld wir besitzen –,
werden wir immer genügend finanzielle Mittel im Umlauf
haben, denn wir vertrauen darauf, dass wir reich genug sind,
andere zu unterstützen, und dass weiterhin genügend Geld
hereinkommen wird.

Sind wir hingegen davon überzeugt, dass wir sparen und
alles zusammenhalten müssen, um für eventuelle Notfälle
gerüstet zu sein, dann warten wir unbewusst regelrecht auf
solche Notfälle.

Tritt dann ein solcher Notfall tatsächlich ein, fühlen wir
uns in unserer Voraussicht bestätigt und werden künftig
noch mehr sparen, um für weitere solcher Notfälle gerüstet zu sein. Der nächste Notfall wird ebenso sicher kommen
und er wird auch bestimmt größer. Schließlich haben wir
doch dafür extra mehr gespart.

In dem Begriff Vor-sorge steckt das Wort *Sorge* mit drin.
Wir sind noch *vor der Sorge*. Wenn dann die Sorge erwar-
tungsgemäß eintritt, sind wir *bereit* dafür. Wir sind dann
vor-bereitet. Auf diese Weise sind wir offen und bereit für
die Sorge.

Aber Achtung! Wenn wir Geld oder unsere Gedanken
oder andere Güter, die wir weitergeben wollen, nicht gerne
geben, wenn wir dabei das Gefühl haben, dass wir dadurch
einen Verlust erleiden werden, also in Mangel kommen oder
wenn wir befürchten, dadurch künftig weniger zu besitzen,
hat dies keine spirituelle, energetische Kraft.

Im Gegenteil. Wir schwächen uns eigentlich, weil wir
uns durch solche Überzeugungen mit dem eigenen Man-
gelbewusstsein verbinden. Wir glauben dann nach wie vor,
dass nicht genügend Geld, Erfolg oder Anerkennung nach-

kommen werden. Genaugenommen befürchten wir, dass wir vielleicht bald ebenso nackt und hilflos dastehen werden wie all die anderen Bedürftigen.

Wenn wir nicht gerne Geld spenden,
dann ziehen wir den Mangel oder den Verlust
regelrecht in unser Leben.

Wenn wir nur spenden, um uns von unserem Misserfolg »freizukaufen«, dann schwächen wir unsere eigene Kraft.

Wichtig ist auch, dass wir uns mit denen, denen wir geben, energetisch verbinden. Also nicht einfach nur geben, damit wir uns ein gutes Gewissen erkaufen oder mit dem Hintergedanken, dass wir durch unsere Spende noch mehr Erfolg in unser Leben ziehen werden. Wichtig ist, dass wir uns mit denen, denen unsere Hilfe guttun soll, verbinden. Das tun wir zum Beispiel, indem wir es Menschen geben, die wir kennen oder die uns nahestehen und die unser Geld oder unsere Hilfe benötigen.

Wenn wir anderen helfen,
bekommt unser Leben eine Sinnhaftigkeit.

Spenden ist also sehr wesentlich. Vorrangig mit dem guten Gefühl der Freude. Vor allem aber mit der Begeisterung und der Dankbarkeit, dass wir es uns leisten können. Wir sollten es als Geschenk betrachten, dass wir andere an unserem Wohlstand teilhaben lassen können. Genügend zu besitzen, um es ebenso an andere zu verteilen und ihnen auf diese Weise helfen zu können, ist ein Privileg.

Wenn wir wohltätig sind, sind wir also privilegiert. Wir sind etwas Besonderes. Wir machen etwas aus in der Welt. Wir sind ... erfolgreich.

Durch die Möglichkeit des Spendens
ziehen wir uns regelrecht in den Zustand von Erfolg.

Wie innen so außen, heißt eines der Grundgesetze des Universums. Dies gilt natürlich ebenso umgekehrt: wie außen so innen. Beginnen wir die Veränderung zunächst im Außen, wird sich dieser Zustand auch in unserem Inneren manifestieren.

Geben wir uns im Äußeren großzügig und spendabel, zeigen wir uns also als ein Mensch, der genügend besitzt, um andere daran teilhaben zu lassen, wird sich dies auch in unserem Inneren niederschlagen. Wir werden beginnen, uns reich zu fühlen. Und solche Gefühle bringen neue Gedanken und Überzeugungen mit sich.

Innerhalb kurzer Zeit werden wir nicht nur innerlichen Reichtum entwickeln, er wird sich auch im Äußeren zeigen. Denn alles geschieht nach unseren Überzeugungen. Der schnellste Weg zum Erfolg, ist also, zu dem Gefühl zu kommen, bereits erfolgreich zu sein. Genau dafür ist es ideal, den Zehnten zu geben.

Besitzt du nur wenig,
gibst du nur den Zehnten von deinem Wenigen.

Wenn du andere an deinem Besitz teilhaben lassen kannst, beginnt sich in dir die Überzeugung breitzumachen, dass du – trotz des Wenigen – noch immer genug besitzt, um anderen zu helfen.

Alles geschieht nach unseren Überzeugungen.

Gibst du gerne und voller Freude, dann entwickelst du das Bewusstsein, dass du im Fluss von Wohlstand bist und jederzeit alles zur rechten Zeit zu dir zurückkehren wird.

- Gib dir selbst eine Chance.
- Nimm dir nur eine Woche vor. Eine Woche lang hilfst du anderen.
- Wo immer du siehst, dass du etwas Gutes tun kannst, gibst du einen Teil von dir.
- Du gibst voller Freude, weil du weißt, dass im Kreislauf der Energie alles wieder zu dir zurückkommt, damit du noch reichlicher geben kannst.
- Lass es dein Ziel sein, auch künftig reichlich geben zu können.

Erfolg ist ...
andere Menschen beschenken
zu können.

Nicht jeder von uns
wird vielleicht Multimillionär werden.

Aber in unserem Herzen
können wir millionenfach Freude erfahren,
wenn wir unsere Talente
für uns
und andere einsetzen.

Konzentriere dich darauf, was du aus deinen Möglichkeiten machen kannst

Erfolg besteht darin,
dass man genau die Fähigkeiten hat,
die im Moment gefragt sind.
Henry Ford

Vor einiger Zeit fuhr ich mit dem Fahrrad durch einen Wald und traf dort plötzlich auf eine Ansammlung von Menschen. Sie feierten ein Frühlingsfest. Rund um einen kleinen Kiosk gesellten sich viele lachende Menschen. Die Stimmung war ausgelassen und fröhlich. Die Sonne ging zwischen den hohen Baumwipfeln langsam unter, und ich kaufte mir ein Bier, setzte mich abseits an einen Baumstamm und sah dem bunten Treiben ein bisschen zu. Es war ein wunderschönes Schauspiel. Es gab einen Ziehharmonikaspieler, der alte Gassenhauer spielte, und einige tanzende Paare.

Ein alter Mann fiel mir besonders auf. Er war schlank, hatte einen Schnurrbart und auf seinem Kopf thronte ein stolzer Hut. Er war der Held des Abends. Jede Frau auf dieser Wiese forderte ihn zum Tanzen auf. Kaum war ein Lied zu Ende, wurde er auch schon wieder von einer anderen Frau in Beschlag genommen. Das kleine Kiesbett vor dem Kiosk war seine Tanzfläche, und seine Tanzpartnerinnen genossen es sichtlich, sich von ihm führen zu lassen. Er war der gefragteste Mann an diesem Spätnachmittag. Er lachte viel, zog die Damen an seinen Körper und zeigte eine beachtliche Geschmeidigkeit, während die anderen Männer vor ihrem Bier saßen, Lieder mitsangen oder sich einfach nur unterhielten.

Die meisten von ihnen gingen in der Masse unter. Nicht aber der alte Mann mit den weichen Bewegungen auf dem staubigen Kies.

Was für ein Erfolg!, dachte ich, auch im hohen Alter noch so gefragt zu sein.

Ein paar Tage später fuhr ich erneut zu dem kleinen Kiosk und war überrascht. Hinter dem Verkaufstresen stand dieser alte Mann. Er schenkte gerade zwei Kindern ein Eis und stellte mir wortlos ein Weißbier hin. Er hatte mich wiedererkannt und sich mein Getränk vom Wochenende gemerkt.

Ich sprach ihn auf das Fest an und dass ich ihn tanzen gesehen hätte. Er lächelte, seine fahlgraue Haut wurde auf wundersame Weise durchblutet, was auf seinen Wangen eine leuchtend rote Farbe erzeugte. Er nickte mehrmals stolz. Dann erzählte er mir von dem Fest und dass er so begehrt gewesen sei, weil er eben der einzig wirklich gute Tänzer an diesem Abend war. Es war sein Abend gewesen. So wie jedes Jahr, wenn dieses Fest stattfindet. Da sei er gefragt wie kein Zweiter, schon seit Jahren.

Das Erstaunliche aber war nun, dass der alte Mann, während er erzählte, ständig stockte. Er stotterte. Die Lippen formten sich, das Gesicht legte sich in Falten und mehrmals stieß er den gleichen Buchstaben hervor, ehe das Wort sprudelnd, fast überhastet aus ihm herausbrach. Dann machte er wieder eine kleine Pause, und immer wenn er schwieg, kehrte die Würde in sein Gesicht zurück. Aber Pausen gab es wenige, dafür war er viel zu lebendig vor Freude. Er erzählte von seinem großen Erfolg, stockend, erzählte, wie er nicht zur Ruhe kam, weil jede Frau ihn in den Armen haben wollte. Er berichtete, wie sehr ihm abends die Füße vom Tanzen wehgetan hätten, aber wie unermüdlich er alle Frauen über den Kies hatte schweben lassen.

Dieser Mann hatte einen Sprachfehler. Aber all das war völlig unwesentlich. Seine eigentliche Sprache waren die geschmeidigen Bewegungen auf der Tanzfläche. Als Tänzer war er ein Held. Sein Erfolg fand an Nachmittagen wie diesen statt. »Manchmal braucht es nicht mehr«, sagte er und grinste mich schelmisch an.

Von diesem Ruf lebte sein Kiosk. Menschen kamen und gingen und sahen in ihm stets den wundervollen Tänzer mit dem netten Lächeln.

Auch das ist Erfolg: das Beste
aus seinen Möglichkeiten zu machen.

Etwas später setzte er sich zu mir auf die Bank. Er sah mich lange an und sagte: »Ich weiß, ich stottere. Aber weißt du was? Die Frauen lieben das. Das macht mich so hilflos.« Dann lachte er und nickte mehrmals mit dem Kopf. »Die meisten Frauen hier haben bereits Kinder großgezogen, die schon lange aus dem Haus sind. Aber sie haben immer noch so viel Liebe in sich. Ich kann tanzen und ich kann zuhören. Mehr braucht es nicht.«

Wieder lächelte er und friedvolle Züge zeichneten sich auf seinem Gesicht ab.

Dieser Mann hatte für sich das beste Erfolgsrezept gefunden. Er hatte seine Talente erforscht und sie seiner Umgebung angeboten. Er kümmerte sich nicht um sein Handicap. Er betrachtete nur seine Möglichkeiten und ging diese zielstrebig an.

Der Mann sollte uns ein Vorbild sein. Was nützt es uns, wenn wir uns ständig beklagen, wie ungerecht das Leben uns bedacht hat? Wer möchte diese Geschichten hören? Wem ist damit gedient? Das Festhalten an diesen Dingen hindert uns nur daran voranzugehen.

Konzentriere dich auf das,
was du aus deinen Möglichkeiten machen kannst.

Ich habe in meinem Leben viele glückliche Menschen erlebt, die ihr Schicksal einfach angenommen haben und sich trotz einer schlechten Ausgangslage auf ihre Talente und Stärken konzentriert haben. Diese Menschen waren durchweg zufrieden. Sie genossen die Anerkennung ihrer Umgebung.

- Auch wenn deine Ausgangslage vielleicht im Moment nicht sehr vielversprechend ist, betrachte hauptsächlich deine Fähigkeiten.
- Was kannst du gut?
- Was bereitet dir und anderen Freude?

Glück erfahren wir,
wenn wir uns selbst ausdrücken können.

Vielleicht hast du auch ein Handicap. Vielleicht war die Welt sehr ungerecht zu dir. Vielleicht fühlst du dich ebenfalls vom Schicksal benachteiligt. Wenn du es jedoch schaffst, dich auf deine Fähigkeiten zu konzentrieren und an ihnen feilst, wirst du wieder aufstehen können und weitergehen. Du wirst wieder am Leben teilnehmen. Und zwar aktiv. Du hast etwas zu geben. Etwas, das nur du anderen geben kannst.

Finde heraus, was dich wertvoll macht. Und schenke diese Gabe an andere weiter. Dann werden all die Geschenke wieder zu dir zurückkommen. Und zwar in Form von Erfolg.

Erfolg ist ...
das Beste aus seinen Möglichkeiten
zu machen.

Im Verlust erkennen wir oft erst vergangenen Erfolg

Zufriedenheit ist der Stein der Weisen,
der alles in Gold verwandelt,
das er berührt.

BENJAMIN FRANKLIN

Manchmal gehen wir unseren Lebensweg und sehen vor lauter Schimpfen und Vergleichen gar nicht, wie erfolgreich er eigentlich bereits ist. Erst wenn der Weg dann plötzlich zu Ende ist, erkennen wir, wie gut wir es doch hatten. Der Verlust von Dingen und Menschen macht uns also etwas sehr Wesentliches bewusst. Wir haben mehr Erfolge in unserem bisherigen Leben zu verzeichnen, als wir manchmal überhaupt wahrnehmen.

Erst wenn wir anfangen, etwas zu betrauern, sehen wir das Glück und den Erfolg, den wir bisher hatten. Diesen Moment können wir sehr gut nutzen, denn er ist ein prima Handwerkszeug, um uns wieder in das Gefühl von Erfolg zu bringen.

- Wenn du dich im Moment nicht wirklich erfolgreich fühlst oder glaubst, dass Erfolg jemand anderem vorbehalten sei, dann überlege einfach einmal kurz, was du alles betrauern würdest, wenn du es jetzt verlieren würdest.

- Was würde dir Schmerzen bereiten oder dich unglücklich machen, wenn du es nicht mehr hättest?

Allein an dieser kleinen Übung siehst du, wie viele hundertfache Erfolgsmomente in deinem jetzigen Leben vorhanden sind, ohne dass du sie wirklich wahrnimmst. Überlege einmal, wie es wäre, wenn du jetzt vielleicht ohne Partner dastündest, ohne Familie oder ohne Job.

Wir bewältigen viele Aufgaben in unserem Leben. Die meisten von ihnen sogar sehr erfolgreich. Für uns ist das nichts Besonderes. Wir nehmen es nicht einmal mehr wirklich wahr. Und dennoch haben wir Erfolg – Erfolg, der unser Leben bereichert. Allerdings hat unser selbstkritischer Blick uns dies vergessen lassen.

Wenn wir auf unser Leben zurückblicken, dann werden wir viele solcher kleinen *großen* Erfolgsmomente erkennen können. Sehr oft sagen wir dann: »Ja, aber das war doch nichts Wesentliches.« Wenn wir so denken, verschließen wir uns für den Erfolg. Wir achten dann nicht unsere eigene Leistung. Auf diese Weise machen wir uns klein und minderwertig.

Dabei ist es weder größenwahnsinnig noch überheblich, sich über seine Erfolge zu freuen. Im Gegenteil. Wenn wir immer wieder auch all die kleinen Erfolge wahrnehmen und uns dafür innerlich loben, erschaffen wir Motivation für weitere Erfolge. Wenn wir dagegen die *kleinen* Erfolge in unserem Leben nicht achten, bringen wir uns auch nicht gedanklich auf die Spur der *großen* Erfolge. Wir können dann an unseren kleinen Erfolgen nicht wachsen.

Erst der Stolz auf die bisher gemeisterten Erfolge
lässt unser Selbstbewusstsein wachsen.

Auch meine Mutter mit ihren siebenundachtzig Jahren war
sehr gut darin, ihr zurückliegendes Leben mit einem selbst-
kritischen Blick zu betrachten. Erst als ich ihr aufzeigte, was
sie alles erfolgreich gemeistert hat, kam sie aus dem Staunen nicht mehr heraus. Nie hätte sie es für möglich gehalten,
so viel geleistet zu haben. Und plötzlich – mit dieser neuen
Betrachtungsweise – fühlte sie sich um Jahre jünger, kräfti-
ger und beseelter.

Auch wenn wir so manche Leistung von uns als eher klein
abtun – viele von diesen vermeintlich kleinen Erfolgen sind
gar nicht so klein. Für dich scheint vielleicht so manches
nicht wesentlich zu sein. Für andere kann das, was du bewäl-
tigt hast, schon ein unüberwindliches Hindernis darstellen.

Betrachte einmal kurz rückblickend dein Leben. Vielleicht warst du erfolgreich in der Schule, beim Sport, in der
Ausbildung oder bei Prüfungen. Vielleicht warst du erfolgreich darin, einen wesentlichen Teil für die Familie beizu-
tragen, vielleicht warst du ein verständnisvoller Partner und
hast für andere ein Zuhause aufgebaut.

Oftmals haben wir auch Verantwortung für andere übernommen, vielleicht für unsere Kinder oder Eltern. Vielleicht
haben wir es geschafft, eine Rede zu halten, die so manchen
beeindruckte, oder eine handwerkliche Arbeit auszuführen.
Ich könnte diese Liste unendlich weiterführen.

Vielleicht bist du nach dem Verlust der ersten großen
Liebe wieder aufgestanden und weitergangen. Auch das ist
ein Erfolg. Immer wieder aufzustehen. Vielleicht hast du es

verstanden, dich von Schicksalsschlägen nicht unterkriegen zu lassen.

Andere scheitern vielleicht daran. Andere haben aufgegeben. Andere würden es sich wünschen, so manches von deinen scheinbar *kleinen* Dingen erreicht zu haben. So mancher fände es toll, gut in der Schule gewesen zu sein. Viele sehnen sich nach einem Partner, den du vielleicht schon erfolgreich in deiner Nähe hast. Viele suchen noch ein Zuhause oder sehnen sich nach der Erfüllung eines Kinderwunsches. Mancher hätte gerne wieder eine Festanstellung oder die Möglichkeit, in den Urlaub zu fahren. So mancher möchte einfach nur wieder gesund sein.

So manches mag für dich selbstverständlich sein.
Für andere kann dies bereits etwas Großes darstellen.

Lege dein Augenmerk doch einmal auf all das, was du bereits geschaffen hast. Das sind deine Erfolge. Deine ganz eigenen, wundervollen Erfolge.

Erfolg besteht aus vielen kleinen Momenten. Und es gibt viele Möglichkeiten, sich diese Momente ins Leben zu holen. Wenn du dir von Zeit zu Zeit immer mal wieder die Frage stellst: Was würdest du betrauern, wenn du es jetzt verlieren würdest?, dann wirst du rasch wieder einen anderen Blick auf deine Situation bekommen.

Erfolg hat viel damit zu tun,
wie wir die Dinge betrachten.

Warum sollten wir erst im Alter diesen Blickwinkel bekommen, der uns rückblickend erkennen lässt, in welchen Bereichen wir einmal erfolgreich waren?! Warum so lange darauf warten?! Warum nicht bereits jetzt damit beginnen?!

Die Energie folgt immer der Aufmerksamkeit. Legen wir unser Augenmerk auf vergangene Erfolge, so öffnen wir unser Bewusstsein für weitere Erfolge. Gleiches zieht Gleiches an. Du bringst dich selbst auf die Seite der Gewinner. Wenn du dich als erfolgreich betrachtest, wird auch jeder andere erkennen, dass hier ein Erfolgsmensch durch die Welt läuft.

**Erfolg ist …
die Fülle in seinem Leben
zu erkennen.**

Hinter jeder Sehnsucht steckt ein Wesensteil von dir, der verwirklicht werden möchte

*Ganz gleich, wie beschwerlich das Gestern war,
stets kannst du im Heute von Neuem beginnen.*

BUDDHA

Wenn wir unser bisheriges Leben einmal in aller Ruhe nicht nur in Bezug auf unsere Erfolge betrachten, werden wir sicherlich auch auf unzählige Enttäuschungen zurückblicken. Enttäuschungen gehören zum Leben. Ebenso wie Erfolge. Erfolge nehmen wir natürlich gerne an. Mit den Enttäuschungen tun wir uns schon schwerer.

Wenn wir also unser bisheriges Leben betrachten, erkennen wir, dass sich viele unserer Erwartungen und Träume nicht erfüllt haben. Was uns bleibt, ist dann nur noch diese leise stille Sehnsucht, dieses kleine lodernde Feuer.

Hinter jeder Enttäuschung lodert eine Sehnsucht.

Sehr oft wollen wir dieses Feuer gar nicht mehr haben. Wir spüren, wenn wir diese Sehnsucht wieder aufflammen lassen, dann könnte es sein, dass unsere Sehnsucht von uns Umstellungen und Änderungen in unserem Leben fordern würde. Diese Forderung macht Angst.

Aber eine Sehnsucht fordert nicht. Eine Sehnsucht führt
und motiviert. Die Sehnsucht zeigt uns nur, dass wir uns
vielleicht von uns selbst entfernt haben.

Vielleicht steckst du gerade in einer Sackgasse in deinem
Leben. Womöglich hast du dich verfahren. Na und?! Das
tun wir öfters im Leben. Vielleicht hast du dich auch selbst
aus den Augen verloren. Aber die Sehnsucht bringt dich
wieder in Verbindung mit dir selbst.

Wenn wir uns unserer Sehnsucht stellen, beginnen wir
uns mit uns selbst auszusöhnen. Wir verleugnen nicht länger
unsere Träume und Hoffnungen. Wir unterdrücken nicht
länger einen Teil von uns. Wenn wir Kontakt mit unserer
Sehnsucht aufnehmen, kommen wir auch in Kontakt mit
unserem Herzen.

Wenn wir unsere Sehnsucht zulassen,
lassen wir auch uns wieder zu.

- Lass dich von deiner Sehnsucht leiten. Höre auf sie.
  Lausche ihr. Spüre in dich hinein. Was würde dir Spaß
  machen? Was würde dir Freude bereiten?
- Wenn du auf niemanden Rücksicht nehmen müsstest,
  wenn es keinen Menschen gäbe, der dich daran hindern
  würde – was würdest du gerne tun?
- Gehe dieser Freude nach. Folge diesem Lächeln in dir.
- Berichte auch deinen Liebsten von dieser Sehnsucht.
  Dann lässt du auch sie wieder an deinem Leben teilhaben. Dann schenkst du ihnen die Chance, gemeinsam mit
  dir nach Möglichkeiten zu suchen, so mancher Sehnsucht
  in dir näherzukommen.

- Und sei nicht überrascht, wenn du plötzlich auch von den Sehnsüchten anderer erfährst. Auch sie haben viele nicht gelebte Anteile, die sie vielleicht ebenso vergraben haben, um dich nicht zu verletzen oder aus Enttäuschung über sich selbst. Dann höre in aller Ruhe zu und überlegt gemeinsam, welche Sehnsüchte sich realisieren lassen könnten.
- Wenn wir unsere Sehnsüchte mit anderen teilen, schenken wir uns die Chance, uns selbst und andere wieder wahrzunehmen.

Nicht alle Träume werden sich erfüllen. Nicht alle Hoffnungen einlösen. Na und?! Wir müssen nicht unseren Träumen und Hoffnungen genügen. Sie sind nur die Triebfeder voranzuschreiten, unseren inneren Motor nicht für immer abzustellen.

Eine Sehnsucht kann sich nie vollständig erfüllen. Aber sie zeigt uns, wer wir sind. Sie schenkt uns Kraft und Energie, Dinge anzupacken, vielleicht auch Ungeliebtes loszulassen.

Wenn andere mir von ihren nicht gelebten Sehnsüchten berichten, dann schwingt auch sehr oft Trauer in ihren Worten mit. Häufig versuchen dann die Menschen von dieser Sehnsucht abzuschweifen. Aber wenn ich sie dann bitte, mehr von ihrer Sehnsucht zu berichten, beginnen nach kurzer Zeit ihre Augen zu leuchten. Die Stimme erhält Lebendigkeit, der Körper kommt in Bewegung, die Hände gestikulieren, und ein Strahlen erhellt das Gesicht.

Als Johanna zu einer Coachingsitzung kam, war sie von ihrem Mann verlassen worden. Nach zwanzig Jahren Ehe.

Sie waren durch dick und dünn gegangen, hatten zwei Kinder großgezogen, doch dann hatte ihr Mann sich neu verliebt. Ganz klassisch in eine Jüngere.

Johanna war ihrem Mann treu gewesen bis zu ihrer Trennung. Sie wäre nie auf den Gedanken gekommen, dass er sie hintergehen könnte. Es war auch nicht einer jener seltsamen Zufälle, der eine Frau alles entdecken lässt, nein, er hatte es ihr gesagt, in einem ruhigen stillen Moment. Sie war geschockt, sie war hoffnungslos, aber sie hatte sich wieder gefangen. Sie war nicht wütend auf die Männer, nicht einmal auf ihren eigenen. Sie war nur traurig, dass ihr Traum nicht in Erfüllung gegangen war. Aber letztendlich verstand sie ihn. Nein, sie war ihm nicht böse. Sie verstand ihn. Er wollte noch einmal leben, noch einmal den Zauber des Neuen spüren. Er hatte sie gut versorgt, finanziell war alles in Ordnung. Er überschrieb ihr das Haus und traf sich regelmäßig mit ihr, um sich ihrem vorwurfsvollem Blick zu stellen. Er meinte es nicht böse. Er hatte sich einfach nur neu verliebt.

Es schmerzte, ja. Es tat weh. Ja. Aber sie verstand ihn. Sie fühlte sich ja selber alt.

Und die Liebe? Nun ja, die Liebe war auf der Strecke geblieben. Das mit der Liebe würde sie für sich nun abhaken.

Das Leuchten war nicht nur in ihren Augen verschwunden, sondern auch in ihrem Herzen. Sie fühlte sich nicht nur von ihrem Mann verlassen, sie hatte sich auch selbst verlassen.

Wer sollte schon so eine alte, ausgesonderte Frau begehrenswert finden, meinte sie mit leiser Stimme.

Je mehr sie über ihre Situation erzählte, desto verbrauchter und müder sah sie aus. Erst als ich sie bat, mir doch ein

bisschen von ihrer Sehnsucht zu berichten, veränderte sich
ihr Habitus. Anfangs zögerlich, da sich doch die Sehnsucht, einen neuen Partner zu finden, ihrer Meinung nach
so unwirklich anfühlte. Aber als sie sah, dass ich ihr interessiert zuhörte und sie sogar ermunterte fortzufahren, kam das
Leuchten in ihren Augen wieder zum Vorschein.

Wenn wir wieder Kontakt zu unserer Sehnsucht bekommen, müssen wir ihr nicht bedingungslos folgen. Wir müssen nicht alles Bisherige über den Haufen werfen. Wir brauchen nur den Kontakt zu unserer Sehnsucht beizubehalten.
Denn die Sehnsucht erzählt nicht nur viel über uns, sie führt
und leitet uns auch. Wenn wir zum Beispiel die Sehnsucht
nach einer tief erfüllenden Partnerschaft zulassen und in
aller Wahrhaftigkeit mitteilen, eröffnen sich uns auch wieder
Möglichkeiten, einer solchen Partnerschaft nahezukommen.

So war es auch bei Johanna. Als sie aufgrund unserer
Arbeit erkannte, wie stark diese Sehnsucht, trotz all der Verletzungen in ihrer Ehe, noch immer in ihr loderte, begann
sie sich wieder zu öffnen. Genau genommen veränderte sie
nicht viel. Noch immer wohnte sie in dem alten Haus und
versorgte ihre Kinder im Teenageralter. Aber mental hatte sich etwas verändert. Sie empfand ihre Sehnsucht nicht
länger als überzogen oder unrealistisch. Sie gewährte ihrer
Sehnsucht wieder Raum in ihrem Herzen und öffnete sich
für die Möglichkeit, wieder jemanden zu finden.

Kurz darauf ging sie eine neue Partnerschaft ein, und ihr
Leben bekam nach ihren eigenen Worten wieder einen Sinn.

Die Sehnsucht öffnet das Tor zu neuen Möglichkeiten.

Sei dir allerdings eines gewiss. Du wirst weitere Enttäuschungen erleben. Denn Leben heißt auch Enttäuschungen erfahren. Wie gesagt, unsere Sehnsüchte werden sich niemals vollständig erfüllen. Eine Sehnsucht ist stets größer als wir. Und das soll sie auch sein. Sie ist der Grund für unser Wachstum. Sie hilft uns stetig voranzuschreiten. Tag für Tag.

- Welche Sehnsüchte gibt es in deinem Leben?
- Welchen Sehnsüchten gestattest du nicht mehr hochzukommen?

Sobald wir beginnen, unsere wahren Gefühle wieder zuzulassen, werden wir feststellen, dass immer wieder neue Sehnsüchte geweckt werden. Dies kann im Gespräch mit einem Freund geschehen oder durch das Lesen eines Artikels oder durch eine Erinnerung, die nach oben schwappt. Folge dieser Sehnsucht. Betrachte sie. Gehe ihr nach und nimm wieder am Leben teil.

Hinter jeder Sehnsucht steckt ein Wesensteil von dir,
der verwirklicht werden möchte.

Und gerade bei der Sehnsucht gilt: Der Weg ist das Ziel.

Erfolg ist ...
seinen Sehnsüchten zu folgen.

Auf die Belohnung warten

*Die meisten Misserfolge
kommen kurz vor dem Ziel.*

THOMAS EDISON

Die Psychologieprofessoren der Stanford-Universität machten vor gut fünfzehn Jahren eine groß angelegte Untersuchung. Aufgrund dieser Untersuchung glauben die Beteiligten, einen wesentlichen Faktor für das Erreichen von Erfolg gefunden zu haben.

Sie hatten dazu mehrere Kindergärten besucht und jeweils ein vier- oder fünfjähriges Kind ganz alleine in einen Raum gesetzt. Das Kind bekam ein einziges Marshmallow, und man sagte ihm, dass man es nun für fünfzehn Minuten alleine im Raum lassen werde. Wenn nach diesen fünfzehn Minuten das Marshmallow noch immer vorhanden sei, das Kind es also noch nicht gegessen habe, bekomme es zwei. Es könne das Marshmallow also verdoppeln. Nur *fünfzehn* Minuten, wiederholten sie eindringlich, und das Kind hätte zwei von den geliebten Marshmallows.

Die Kinder nickten, hatten durchaus verstanden und waren bereit zu warten.

Doch sobald die Wissenschaftler das jeweilige Kind allein im Raum ließen, aßen manche Kindern das Marshmallow sofort, auf der Stelle, kaum hatte sich die Tür geschlossen.

Andere warteten ein, zwei Minuten, bevor sie es hastig
hinunterschlangen. Andere schafften es sogar acht Minuten. Und nur noch wenige zehn Minuten. Einige von ihnen
überlegten also nicht lange und mampften das Marshmallow
sofort auf. Andere versuchten es wenigstens etwas hinaus-
zuzögern. Manche Kinder standen auf, gingen herum, schau-
ten weg, dann auf die Tür und betrachteten immer wieder das
heißgeliebte Marshmallow. Sie rochen daran, spielten damit
und kämpften mit sich. Doch fünfzehn Minuten sind für ein
Kind eine endlos lange Zeit. Ein Mädchen schaffte es sogar
vierzehneinhalb Minuten. Aber dann war der Essensdrang
einfach zu groß.

Nur jedes dritte Kind war stark genug,
auf die Belohnung zu warten.

Sooft man den wissenschaftlichen Versuch auch wiederholte, das Ergebnis war immer ähnlich. Zwei von drei Kindern aßen das Marshmallow vor Ablauf des angegeben
Zeitlimits.

Aber jedes dritte Kind verstand das wesentlichste
Prinzip für Erfolg: Selbstdisziplin. Das Festhalten an dem
versprochenen Gewinn. Das Verdoppeln des eigenen Besitzes.
Das Warten auf die Belohnung.

Fünfzehn Jahre später unternahm die Stanford-Universität
eine Folgestudie. Man wollte wissen, was aus den Kindern
von damals geworden sei. Um das herauszufinden, begaben
sich die Wissenschaftler auf die Suche nach ihnen. Jetzt

waren die Kinder bereits erwachsene Menschen im Alter von neunzehn bis zwanzig Jahren.

Das Erstaunliche war nun, dass *alle* Kinder, die es damals im Kindergarten geschafft hatten, das Marshmallow *nicht* zu essen, die also auf ihre Belohnung warten konnten, heute als erwachsene Menschen erfolgreich waren. Sie waren gut in der Schule, hatten gehobene Universitätsplätze, waren glücklich und schmiedeten Pläne, die sie kontinuierlich verfolgten. Sie hatten gute Verhältnisse zu ihren Lehren und Professoren und galten als sehr beliebt.

Von den Kindern, die damals das Marshmallow vorzeitig gegessen hatten, die also nicht auf die Belohnung warten konnten, hatte die Mehrzahl keine sehr guten Noten in der Schule. Viele von ihnen hatten die Schule sogar abgebrochen oder es nicht auf die Universität geschafft. Einige von ihnen waren regelrechte Problemfälle.

Das Wartenkönnen auf die Belohnung –
in unserem Fall also das Warten auf das
Erreichen unserer Ziele – ist einer der Hauptschlüssel
auf dem Weg zum Erfolg.

Viele von uns schaffen vielleicht auch nur ein oder zwei Minuten. Manche acht oder zehn. Aber wie viele brechen kurz vor der Ziellinie ab? Ich habe dabei immer das Mädchen, das es sogar vierzehneinhalb Minuten aushielt, vor Augen. Dreißig Sekunden vor Erreichen des Zieles brach es ab!

Vielleicht bist du auch dreißig Sekunden
vor der Ziellinie?

Das weißt du natürlich nicht. Das Mädchen hatte damals auch keine Uhr. Es konnte nur schätzen. Und wir alle wissen, wie relativ die Zeit sein kann. Vor allem wenn wir warten, kann die Zeit sich endlos dehnen.

Aber gleichgültig, ob du kurz davor bist, dein Ziel zu erreichen, oder erst am Anfang des Wartens stehst, sei dir sicher, dass das Warten sich lohnt.

Wenn du auf deine Belohnung wartest, freue dich. Du bist bereits mitten im Prozess des Erfolges.

Das Warten auf die Belohnung kann man trainieren. Letztendlich ist es nur eine Betrachtungsweise. Empfindest du das Warten als zu lang oder als Niederlage, wirst du schon bald aufgeben. Empfindest du das Warten als einen Teil des Prozesses, wirst du motiviert dranbleiben. Und nur wer dranbleibt, hat Aussicht auf Erfolg. Trainiere daher deine Fähigkeit zu warten.

- Schreibe dir doch mal auf, auf was zu warten sich in deinem Leben lohnt.
- Betrachte dein Ziel wie die Kinder ihr Marshmallow. Beschäftige dich damit. Überlege dir, was du mit dem Gewinn anstellen wirst.
- Freue dich auf dein Ziel. Stelle es dir bildlich vor.
- Betrachte dich selbst als Gewinner, weil du es schaffst, geduldig zu warten.
- Vielleicht benutzt du ab jetzt folgende Affirmation: »Jeder Tag des Wartens bringt mich meinem Ziel näher.«
- Sei geduldig, geduldig, geduldig.
- Und betrachte deine Marshmallows jeden Tag voller Vorfreude.

Erfolg ist ...
das Warten als einen
wesentlichen Schritt auf dem Weg
zum Erfolg zu betrachten.

Es spielt keine Rolle, wie langsam du gehst,
solange du nicht anhältst.

Konfuzius

Einen langen Atem haben

Ich will euch mein Erfolgsrezept verraten:
Meine ganze Kraft ist nichts als Ausdauer.
LOUIS PASTEUR

Viele Menschen wollen die Dinge, die sie sich vornehmen, sofort haben. Gleich. Auf der Stelle. Dies ist nicht weiter verwunderlich, denn in unserer heutigen Gesellschaft hat sich die schnelle Verfügbarkeit von allem in unseren Köpfen eingeprägt.

So ist es eigentlich nicht verwunderlich, dass wir annehmen, wir bräuchten nur eine zündende Idee zu haben und schon hätten wir Erfolg bis zum Abwinken. Sofort nach dem Entstehen einer beruflichen Idee sehen wir uns schon mit viel Geld am Strand in unserem eigenen Haus sitzen.

Erfolg funktioniert aber nicht so. Erfolg kann gar nicht so funktionieren. Warum? Weil *du* nicht so funktionierst.

Dein Erfolg ist immer ein Spiegelbild deiner selbst.

Wenn wir jetzt keinen Erfolg haben, hat das seine Gründe. Und diese Gründe liegen immer in uns selbst. Mit Sicherheit besitzen wir noch kein Repertoire, wie wir uns auf den Weg zum Erfolg machen können. Hätten wir es, wären wir doch längst erfolgreich. Und eben weil uns dieses Wissen fehlt, glauben wir oft, dass wir gar nicht so erfolgreich wie andere sein können.

Das stimmt aber nicht. Auch andere Menschen, die heute bereits erfolgreich sind, waren anfangs noch nicht so charakterlich gefestigt oder hatten noch nicht alles bis ins kleinste Detail durchdacht. Sie haben sich auf dem Weg zum Erfolg einfach weiterentwickelt und an Erfahrung gewonnen.

Am Anfang hatten sie ebenfalls nur eine Idee. Sie haben daran festgehalten und diese Idee beharrlich verfolgt.

Genau das Gleiche kannst du ebenso. Auch du kannst dich entwickeln und wachsen.

Das hat etwas sehr Ermutigendes. Wir müssen nicht sofort alles wissen und alles können. Unsere ersten Visionen müssen noch nicht perfekt sein. Sie werden sich verändern. Ebenso wie *wir* uns beim Beschäftigen mit unseren Visionen verändern.

Wir entwickeln uns auf dem Weg zum Erfolg.

Die erste anfängliche Idee wird ausgefeilter, weitreichender. Wir werden sie abwandeln und genauere Pläne entwerfen. Wir werden nach Mitstreitern suchen. Wir werden sicherer, konzentrierter, wissender. Wir schärfen unseren Verstand kontinuierlich in die gewünschte Richtung, lernen die Gesetzmäßigkeiten unseres Umfeldes kennen, reagieren darauf und wandeln unsere Ideen danach ab.

Wir werden – wie andere erfolgreiche Menschen auch – auf Widerstand stoßen, anderen Meinungen begegnen. Ohne Beharrlichkeit werden wir uns aber oftmals umstimmen lassen oder uns gar geschlagen geben.

Nur mit langem Atem und dem Glauben an unsere Sache
werden wir lernen, Widerstände zu meistern.

Wenn wir uns erfolgreiche Menschen und deren Geschichte
ansehen, werden wir rasch feststellen, dass sie alle eines aus-
zeichnet: Beharrlichkeit.

Das Kapital von Erfolg ist: sein Talent erkennen
und Beharrlichkeit, Beharrlichkeit, Beharrlichkeit.

Wir alle kennen Menschen, die uns die tollsten Ideen erzählen und sie in kühnsten Farben ausmalen. Sie erklären uns
voller Euphorie, was sie mit dieser Idee alles erreichen werden. Ein Jahr später haben sie bereits eine neue Idee, ebenso
glorreich, ebenso Erfolg versprechend. Nur umsetzen werden sie keine einzige davon. Weder die erste noch die zweite
noch die, die ihnen im nächsten Jahr einfallen wird. Denn es
fehlt ihnen an Beharrlichkeit. Es genügt ihnen schon, anderen davon zu erzählen. Das kurze Glanzlicht eines erträum-
ten Erfolges reicht ihnen völlig aus.

Ohne Beharrlichkeit ist Misserfolg vorgezeichnet. Der
große Erfolg kommt nicht über Nacht. Ohne Ausdauer werden wir noch lange im Land der Erfolglosigkeit verbleiben.
Erst wenn wir uns beständig mit unseren Ideen und all den
Fähigkeiten, die wir dafür einsetzen wollen, beschäftigen,
führen wir dem Erfolg dauerhaft Energie zu.

Jedes Imperium ist zunächst mit einem einzigen Menschen
und einer einzigen Idee entstanden.

Nicht selten besaß dieser Mensch nichts außer Beharrlichkeit.

Erst durch diese Beständigkeit haben wir den langen Atem, klein zu beginnen und Dinge wachsen zu lassen. Ohne Beharrlichkeit werden wir beim leichtesten Hauch von Gegenwind an Fahrt verlieren und vielleicht enttäuscht aufgeben.

- Lass dir Zeit.
- Versuche nicht, über Nacht zum schnellen Erfolg zu kommen.
- Halte an deiner Idee fest und folge deiner Sehnsucht.
- Sei dir gewiss, dass du dich mit dem Erfolg mitentwickeln wirst.

Bleibe fokussiert. Warum? Weil es sich lohnt. Weil wir voller Zuversicht sind. Und weil wir wissen, dass wir uns am Ende des Tages durchsetzen werden.

Erfolg ist ...
Beharrlichkeit zu zeigen.

Lass dich nicht von Niederlagen einschüchtern

Beklage nicht, was nicht zu ändern ist,
aber ändere, was zu beklagen ist.
WILLIAM SHAKESPEARE

Jeder von uns musste im Laufe des Lebens Enttäuschungen hinnehmen und Benachteiligungen erdulden. Manchmal auch den Verlust von Liebe.

Das Leben ist so. Niederlagen sind ein Teil des Lebens. Sie gehören zum Leben dazu wie Gewinne. Das Wichtigste ist nur, sich von Niederlagen nicht unterkriegen zu lassen.

Auch ich musste Verluste hinnehmen. In so mancher Partnerschaft wurde ich betrogen oder gar über Nacht verlassen. Aber nie habe ich den Glauben an mich und die Möglichkeit, eine erfüllte Partnerschaft zu führen, verloren.

Vor vielen Jahren habe ich beim Umzug durch einen Autounfall all mein Hab und Gut verloren. Alles, was ich besaß, war in dem Umzugswagen, den ich selbst lenkte und dessen Inhalt noch am gleichen Abend komplett auf einer Mülldeponie landete. Am nächsten Tag konnte ich wieder von vorne anfangen.

In der Finanzkrise 2008 habe auch ich viel Geld verloren und sah für eine kurze Zeit keinen Sinn darin, weiterhin

Geld verdienen zu wollen. Da sagte ein Verleger einen ziemlich klugen Satz zu mir, der mir sehr geholfen hat.

Wichtig ist nicht, was du verloren hast, wichtig ist doch nur,
dass du weiterhin Geld verdienen kannst.

In diesem Satz steckt eine ungeheure Wahrheit. Dieser Blickwinkel ändert so manche Grundeinstellung.

Sehen wir nur zurück, können wir sicherlich viele Verluste und Niederlagen in unserem bisherigen Leben ausmachen. Schauen wir jedoch nach vorne, können wir Chancen und Visionen erkennen, die zu entdecken sich noch lohnt.

So manche Menschen haben jedoch aufgegeben. Sie glauben nicht mehr an sich und eine glückliche Zukunft. Sie verweilen in ihrem Schmerz. Tag für Tag. Auch nächste Woche noch. Und vielleicht noch in einem Jahr.

Aber wem hilft es? Ist ihnen damit gedient, dass sie mit gutem Gewissen sagen können, andere sind an ihrer Misere schuld? Vielleicht wäre es wesentlich besser, sagen zu können, man selbst trägt die Verantwortung dafür, immer wieder auf die Beine gekommen zu sein. Immer wieder weitergegangen zu sein und kraftvoll und voller Freude neue Erfolge und Ziele erreicht zu haben.

Wichtig ist nur weiterzugehen. Immer wieder aufzustehen.
Sein Ziel im Auge zu behalten. Unbeirrt.

Dann kann uns nichts geschehen. Denn alles, was uns geschieht, ist nur ein weiterer Schritt auf dem Weg zum nächsten Erfolg.

- Lass dich nicht von ersten Hindernissen entmutigen. Sie gehören zum Erfolg dazu.
- Beschäftige dich immer wieder mit deinen Plänen.
- Bleibe motiviert. Bleibe an der Sache. Bleibe beharrlich.

Beharrlich sein bedeutet

- auch nach Niederlagen immer wieder aufzustehen.
- Irrtümer als Teil des Weges zu betrachten.
- im tiefen Glauben an den eigenen Erfolg zielgerichtet bei der Sache zu bleiben.

Erfolg ist ...
unbeirrt weiterzugehen.

6

Erfolg ist ...
allen Bereichen
gleich viel Aufmerksamkeit
zu schenken

Ein gesunder Mensch hat viele Wünsche – ein Kranker nur einen ...

Gesundheit ist nicht alles,
aber ohne Gesundheit ist alles nichts.

Ich war zweiundzwanzig. Sabine war neunzehn Jahr alt. Ich kannte sie nicht besonders gut. Ich war mit ihrem Bruder befreundet und zog mit ihm manchmal durch die Viertel.

Eines Abends war er nicht da und Sabine öffnete mir die Tür. Wir saßen auf dem Sofa und unterhielten uns. Die Stimmung war eigenartig. Sabine schien bedrückt zu sein, und ich vermutete, dass sie Liebeskummer hatte. Liebeskummer hatten wir zu dieser Zeit ständig.

Da sah sie mich lange an und fragte mich, ob sie mich um etwas ganz Persönliches bitten dürfe.

»Na klar«, sagte ich.

»Kannst du meine Brust streicheln?«

Ich war geschockt. Und zwar so sehr, dass sie lachen musste und ihr Getränk prustend auf dem Sofa versprühte. Dabei war es überhaupt nicht zum Lachen. Sie hatte eine Woche zuvor in der Klinik ihre Diagnose bekommen. Brustkrebs. Man wolle zwar versuchen, durch Chemotherapie die Brust zu retten, aber die Ärzte waren sich nicht sicher, ob sie dabei erfolgreich sein würden. Vom Erfolg der Ärzte hing es also ab, ob sie ihre Brust behalten konnte.

Unter diesem Aspekt bekam ihre Bitte einen ganz anderen Stellenwert. Sabine wollte sich noch einmal als Frau spüren. Dabei entsprach »*noch einmal*« gar nicht der Wahrheit. Sie wollte sich überhaupt einmal als Frau spüren, bevor sie dies in der Weise nie wieder tun könnte. Sie wollte ihre Brüste liebkost und gestreichelt bekommen.

An diesem Abend waren wir beide traurig. Natürlich streichelte ich, natürlich küsste ich. Aber wir waren nicht erregt. Wir waren voller Liebe. Voller Trauer. Voller Zuneigung. Voller Betroffenheit. Wir lagen zusammen im Bett. Nackt. Aber es entstand keine Erotik.

Wir hatten es auch nicht vor. Wir wollten uns wertschätzen. Wir wollten uns nahe sein und erfuhren auf eine ganz andere Weise eine andere Form von Sinnlichkeit.

Immer wieder küsste ich ihre Brust. Wir weinten. Wir hielten uns und ich küsste und küsste.

Ihr größter Erfolg wäre es gewesen, ihre Brust behalten zu dürfen. Diese wundervolle Brust, die ich in dieser Nacht immer wieder geküsst und liebkost habe. Ich war der erste Junge, der sie auf diese Weise liebkosen durfte. Sie vertraute mir. Sie hoffte auf meine Verschwiegenheit. Nicht einmal ihr Bruder, mein Freund, sollte davon jemals etwas erfahren.

Noch heute erinnere ich mich an diese Nacht mit Sabine. Noch heute erinnere ich mich, wie es ist, seinen Körper nicht als etwas Selbstverständliches zu betrachten. Sondern als ein Geschenk. Gibt es überhaupt ein größeres und wundervolleres Geschenk auf dieser Erde?

Sabine hat mir an diesem Abend viel Anregung zum Nachdenken gegeben. Bis zum damaligen Zeitpunkt hatte ich mir keine Gedanken über Gesundheit gemacht. Und nun war dieses Thema ins Zentrum meiner Gedanken gerückt.

Für Sabine hegte ich danach lange Zeit starke Gefühle. Vielleicht war ich sogar ein bisschen in sie verliebt. Vielleicht war es auch nur diese Nacht, die diese Gefühle in mir geweckt hatte. In dieser Nacht waren wir uns so nah gewesen. In unserer gemeinsamen Trauer waren wir eins, verschmolzen zu einem Wesen.

Wir verloren uns aus den Augen, vielleicht mied sie auch meine Nähe. Aber zwei Jahre später sah ich sie wieder, ganz unvermutet, auf einer ausgelassenen Flower-Power-Party. Als sie mich entdeckte, lächelte sie wissend. Dann zog sie mich in einen Nebenraum, küsste mich auf die Wange, drückte meine Hände und erzählte mir, dass sie wieder gesund geworden sei. Unfassbar sei das, ein Wunder, ein Geschenk. Dann küsste sie mich kurz auf den Mund. Es war nur der Hauch einer Berührung. Aber manchmal berührt uns gerade das Sanfte so tief. Sie lächelte noch einmal und sagte mit flüsternder Stimme: »Danke«.

Sie hatte feuchte Augen bekommen. In der nächsten Sekunde öffnete sie auch schon wieder die Tür. Für einen kurzen Augenblick fiel sanftes Licht in den Raum, dann wurde die Türe wieder geschlossen und Sabine war verschwunden.

Ich blieb noch einen Augenblick, spürte, wie mein Herz klopfte, dann suchte ich sie im ganzen Haus. Ich wollte mit ihr reden, wollte mit ihr feiern, das einmalige Wunder, aber sie muss die Party verlassen haben, denn ich sah sie den ganzen Abend nicht mehr.

Und dennoch war ich beseelt. Ich lachte und tanzte. Jede Zelle meines Körpers war lebendig und glücklich. Sabine war wieder gesund geworden. Ich freute mich so, als ginge es auch um meine Gesundheit. Gesund zu werden war für Sabine das größte und einzige Ziel gewesen. Was für ein Erfolg, sagte ich mir immer wieder. Was für ein Erfolg! Vielleicht der größte in ihrem Leben. Der Erfolg der Ärzte war auch ihr Erfolg. Sabine hatte ihre Brust behalten können.

Mit den Jahren habe ich sie aus den Augen verloren. Nicht aber unsere gemeinsame Nacht. Und ihre reine Bitte.

In mir hatte sich etwas gewandelt. Sabine hatte mich wesentlich tiefer berührt, als ich gedacht hatte. Gesundheit war nicht länger etwas Selbstverständliches. Gesund zu sein war etwas Kostbares. Seit dieser Nacht begann ich jeden gesunden Tag als einen herausragenden Erfolg zu betrachten. Und ich habe vor, in diesem Bereich noch lange erfolgreich zu bleiben.

Gesund zu sein ist wohl der wichtigste Erfolg
in unserem Leben.

Warum sollen wir unsere Gesundheit erst dann feiern, wenn wir sie nach einer Krankheit wieder zurückbekommen haben? Warum müssen wir erst krank werden, um den unschätzbaren Wert von Gesundheit zu erkennen?

- Betrachte das Leben als kostbares Gut.
- Betrachte deine Gesundheit als Erfolg.
- Als wie wertvoll würdest du deine Gesundheit einschätzen? Dies ist keine rhetorische Frage. Überlege dir einmal, wie viel dir deine Gesundheit in Geld gemessen

wert ist. Auch wenn man Gesundheit in Geld nicht messen kann – versuche es dennoch. Nur dann hast du eine Ahnung, wie unermesslich erfolgreich du bereits bist.

Vielleicht möchtest du diesen Erfolg beibehalten. Vielleicht planst du mal ein paar Dinge, die dir dabei helfen, auch weiterhin bei deiner Gesundheit erfolgreich zu bleiben.

**Erfolg ist ...
sich an seiner Gesundheit
zu erfreuen.**

Das Leben schenkt dir nicht die Menschen,
die du möchtest.

Das Leben schenkt dir die Menschen,
die du brauchst.

Damit sie dir helfen.
Damit sie dich verletzen.
Auch um dich zu lieben.
Ebenso um dich zu verlassen.

Vor allem um aus dir den Menschen zu machen,
der du schon immer werden solltest.

Bereue nichts und niemanden,
der in deinem Leben wichtig gewesen ist.

Sie haben vielleicht dein Herz gebrochen,
aber vielleicht haben sie auch ihres bei dir gelassen.

Ohne all diese Menschen und Erfahrungen
wärst du nicht der Mensch geworden,
der du heute bist.

Menschen kommen und gehen.
Wenn sie dich verlassen, gibt es dafür Gründe.

Sie helfen dir, dich zu wandeln.
Sie helfen dir, neue Türen öffnen zu können.

Sie helfen dir, dein Leben
wieder neu und spannend zu gestalten.

Sie helfen dir, dein Leben erfolgreich zu gestalten.

Erfolg in der Partnerschaft

*Zusammenkommen ist ein Beginn,
zusammenbleiben ist ein Fortschritt,
zusammenarbeiten ist ein Erfolg.*
HENRY FORD

Viele Menschen würden es als großen Erfolg betrachten, wenn sie endlich einen wundervollen Partner an ihrer Seite hätten. Das Erleben einer tief erfüllenden und beseelenden Partnerschaft ist für die meisten einer der sehnlichsten Wünsche und scheint dennoch vielen Menschen verwehrt zu bleiben.

So mancher hatte vielleicht auch bereits die ein oder andere Partnerschaft, die aber nicht das hielt, was sie anfangs versprach. Oftmals gehen wir mit einigen Blessuren aus solchen Beziehungen hervor. Manche dieser Verletzungen sind so groß und tief greifend, dass viele nicht mehr die gleiche Offenheit besitzen oder gar den Mut finden, verliebt und ohne Vorbehalte eine weitere Beziehung einzugehen.

Die Sehnsucht danach aber bleibt. So groß der Erfolg auf anderen Ebenen auch sein mag. Gleichgültig wie reich oder angesehen wir sind. Wir wollen unser Leben gerne mit jemandem teilen.

Umso größer ist die Sehnsucht nach Nähe und Geborgenheit. Nach einem Arm, der sich um einen legt, nach

Worten des Trostes und der Liebe. Wir sehnen uns nach einem Menschen, der uns behütet, streichelt und uns das Gefühl vermittelt, dass alles in Ordnung sei.

Viele Menschen würden es als großen Erfolg ansehen, wenn sie in der Kirche mit glühenden Augen das Ja-Wort sagen dürften, wenn jemand ihre Hand nehmen und ihnen den Ring überstreifen würde. Wir lieben es, wenn im Kino der Heldin vor dem Traualtar der Schleier vom Gesicht gehoben wird und sie ihren Kuss erhält. Wir weinen sogar vor Rührung, weil genau darin unsere eigene größte Sehnsucht verborgen ist.

Wie gerne hätten wir jemanden an unserer Seite, der »Ja« zu uns sagt!

Ich weiß noch, wie tief ergriffen ich war, als Michaela dieses Ja zu mir sagte. Da gab es einen Menschen, der bereit war, sein Leben mit mir zu teilen.

Als Michaela schwanger wurde, konnte ich mein Glück zunächst gar nicht fassen, dass mir tatsächlich ein anderer Mensch so viel Vertrauen schenkte und mich zum Vater machte.

*Die wahren Erfolge finden manchmal schweigend
und tief in uns selbst statt.*

Für mich war es ein Meilenstein in meiner Entwicklung. Wenn ich die persönlichen Erfolge in meinem Leben betrachte und bewerte, dann war dies vielleicht mein größtes Erfolgserlebnis.

Nicht jeder würde natürlich so weit gehen und sich gleich vor dem Traualtar sehen. Manche wären schon glücklich, eine gemeinsame Wohnung zu beziehen. Einfach etwas Zeit miteinander zu verbringen, zusammen einzuschlafen, zusammen aufzuwachen. Ein gemeinsames Frühstück, das Teilen von Gedanken.

*Erfolg – das sind nicht immer nur die
großen Dinge im Außen.*

Die Suche nach Erfolg ist sehr oft in den stillen leisen Wünschen und Sehnsüchten zu finden. In der Sehnsucht nach einem Gesprächspartner, nach jemandem, der einen versteht und die gemeinsame Nähe als ebenso beglückend empfindet.

Wenn wir an einen Partner denken, dann werden Bilder von langen Abendspaziergängen in unseren Köpfen lebendig. Wir träumen von gemeinsamen Kinobesuchen, entspannenden Urlauben, dem Aussuchen von Möbeln und dem Schmieden von so manchen künftigen gemeinsamen Plänen. Wir sehen vor unserem inneren Auge lachende Gesichter, sinnliche Stunden und das spannende Entdecken des anderen. Intimität und Freude, Vertrauen und liebevolle Begegnung, Nähe und Geborgenheit sind die Worte, die ich bei dem Wunsch nach einer Partnerschaft meistens zu hören bekomme.

Vor allem möchten die meisten jemanden an ihrer Seite, der sie nicht beurteilt und vor dem sie keine Angst zu haben brauchen, wenn sie sich so zeigen, wie sie wirklich denken und fühlen.

*Sehr oft suchen wir den partnerschaftlichen Erfolg
dann im Außen.*

Unsere Augen schweifen umher, obwohl wir tief in unserem Inneren sehr oft bereits aufgegeben haben. Oftmals suchen wir schon gar nicht mehr die Orte auf, an denen es Möglichkeiten eines *zufälligen* Zusammentreffens geben könnte.

Dennoch schauen wir beständig nach außen und wägen Möglichkeiten ab. Dabei ist dies der völlig falsche Ort.

Den Partner, nach dem wir uns so sehr sehnen,
müssen wir zuerst in uns selbst finden.

Wir suchen Zärtlichkeit, Geborgenheit, Nähe und Ruhe und hoffen, dies von jemandem geschenkt zu bekommen. Die eigentliche Frage, die wir uns aber stellen sollten, ist, ob wir dies uns selbst auch geben können. Kannst du dir auch Geborgenheit schenken? Bist du zu dir selber auch zärtlich? Bist du dir selbst nah? Schaffst du es, dich nicht selbst abzuwerten und zu beurteilen? Magst du es, dich im Spiegel anzuschauen? Dir zuzulächeln?

Sehr oft erwarten wir von anderen,
dass sie uns das geben,
was wir uns selbst nicht schenken können.

Wir suchen also in anderen Menschen nach dem, was wir uns zuerst selbst schenken könnten. Da wir aber oftmals unfähig dazu sind, hoffen wir dies von einem anderen Menschen zu erhalten.

Je weniger wir dazu fähig sind, desto stärker zeigt sich unsere Sehnsucht, dies im Außen zu finden. Desto größer wird unsere Projektion.

Wollen wir Erfolg in einer Partnerschaft erreichen, gibt es nur eine einzige Lösung:

Wende deine suchenden Augen nach innen.

Schenke zuerst dir selbst all das, was du so sehr benötigst. Sei liebevoll zu dir selbst. Achte dich. Sei fürsorglich. Streichle deine Seele und dein Gemüt. Komme dir selbst wieder nah.

Erst wenn du dies tief in dir selbst entwickelst, wirst du mit dem festen Bewusstsein von deiner eigenen inneren Größe in die Welt hinausgehen. Du lebst nicht länger im Mangel, sondern in der Fülle deiner eigenen Gefühle. Du suchst nicht länger nach jemandem, der dir all das – zu dem du selbst nicht in der Lage bist – geben soll. Vor allem zeigst du ihnen durch deine eigene Wertschätzung, wie du behandelt werden möchtest. So wie du dich selbst behandelst, so behandeln dich auch andere.

Je wertvoller du dich selbst findest,
desto wertvoller wirst du auch für andere.

Denn nur dann kann jeder andere auch diesen wertvollen Schatz in dir sehen. Wenn du dir selbst nahekommst, wird dir auch ein anderer Menschen nahekommen können. Weil du erst dann Nähe zulassen kannst. Solange du dir selber fernbleibst, bleiben auch andere dir fern. Wenn du nicht liebevoll mit dir umgehst, gehen auch andere nicht liebevoll mit dir um. Erst wenn du vertrauensvoll mit dir selber umgehst, werden auch andere Menschen vertrauensvoll mit dir umgehen.

Die Liebe ist natürlich immer auch ein Wagnis. Wir müssen uns zeigen, mit Haut und Haaren. Wir müssen unser Mäntelchen der Verschwiegenheit öffnen. Wir müssen heraustreten aus der Isolation. Wir werden verletzbar und ungeschützt sein. Dazu gehören Mut und Zuversicht. Dazu gehört Vertrauen zu sich selbst.

Und ja, wir werden verletzt werden. Ja, wir werden enttäuscht werden. All die Verletzungen aus der Vergangenheit werden wieder auftauchen und bearbeitet werden wollen. Wir werden lernen zu verzeihen, zu vergeben und weiterzugehen. Und ja, wir werden ebenso verletzen. Und wir werden auch andere enttäuschen.

Wenn man jemand anderem sehr nahe kommt, steigt man auch in all die unbearbeiteten und noch nicht gelösten Verletzungen der Vergangenheit ein. Wenn wir uns selbst nahekommen, dann kommen wir auch immer unserem kleinen verletzen Kind in uns nahe. Vielleicht haben wir viele Jahre sehr erfolgreich diesen Kontakt vermieden, um nicht erneut mit all dieser Trauer, Einsamkeit und der Erfahrung von Ungerechtigkeiten Kontakt machen zu müssen.

Sei dir aber sicher, du bist damit nicht alleine. Jeder von uns hat solch ein inneres Kind. Auch dein künftiger Partner. Auch seine kindlichen Anteile sind nicht erlöst und wurden sehr wahrscheinlich ebenso erfolgreich verdrängt.

In einer Partnerschaft werden sich all diese inneren Kinder wieder melden. Das ist nicht immer lustig und verläuft auch sicherlich nicht ohne Reibungen und Krisen ab.

Ja, wir sind unvollständig. Wir sind nicht so edel, ruhig, gelassen und großmütig, wie wir gerne wären. Wir sind Menschen. Wundervolle Menschen. Menschen mit Fehlern und Schwächen. Menschen, die es wert sind, geliebt zu werden und anderen Liebe zu schenken. Diese Liebe können wir aber erst schenken und mit jemandem teilen, wenn wir sie besitzen. Ebenso Zärtlichkeit, Achtsamkeit, Würde und Vertrauen.

Der schnellste Weg zu einem wundervollen Partner
an deiner Seite ist, dir selber einer zu sein.

Erst wenn du dich selbst akzeptieren kannst, wirst du dies auch bei deinem Partner können.

- Sei erfolgreich im Umgang mit dir selber. Dann werden andere auch den Umgang mit dir suchen.
- Suche nicht länger im Außen. Finde den wundervollen Partner in dir.
- Sei dir selbst der ersehnte Partner. Dann wird er auch bald im Außen vor dir stehen. Und zwar dann, wenn du es vielleicht gar nicht erwartest.
- Finde all den Reichtum in dir, und andere werden diesen Reichtum mit dir teilen wollen.

Vor allem wirst du nicht länger Bedürftige in dein Leben ziehen, sondern reife und erwachsene Menschen, die von sich und von dir erfüllt sind. Und dann lege ebenso viel Augenmerk auf die Partnerschaft, wie du es in anderen Bereichen tust.

Erfolg ist ...
selbst der Partner zu sein,
den du gerne haben möchtest.

Schenke anderen die Anerkennung ihres Erfolges

Wenn wir einen Menschen glücklicher
und heiterer machen können,
so sollten wir es in jedem Fall tun,
mag er uns darum bitten oder nicht.
HERMANN HESSE

Die wahren Erfolge, die dauerhaft in unserem Gemüt bleiben, sind oft nicht mit Besitz zu messen. Die wahre Kraft von Erfolg zeigt sich meist in ganz anderen Dingen. In dem Stolz, Kinder großgezogen zu haben, in der Freude, die Stürme einer Partnerschaft erfolgreich überstanden zu haben, oder in dem Bewusstsein, einfach nur für andere Menschen da zu sein.

Für andere Menschen etwas zu bedeuten, ist eine ganz wesentliche Triebfeder für uns.

Nichts befriedigt uns mehr,
als wenn wir anderen Menschen geholfen haben.

Aber ebenso verletzt uns nichts mehr, als wenn unsere angebotene Hilfe nicht angenommen wird. Dann fühlen wir uns abgewiesen und nutzlos.

Diese Lektion habe ich bereits in jungen Jahren erfahren

dürfen, als ich einen Menschen sehr enttäuschte, weil ich die Tragweite seiner angebotenen Hilfe gar nicht als so wesentlich erkannt hatte.

Wenn wir jemand anderem seinen Erfolg verwehren, verletzen wir ihn mehr, als wir glauben. Zu meiner Entschuldigung kann ich nur sagen, ich war eben noch sehr jung und hatte diese Lektion des Lebens noch nicht gelernt.

Erstaunlich ist auch, dass wir es wesentlich länger in Erinnerung behalten, wenn wir andere verletzen, als wenn wir selbst verletzt werden. Vielleicht weil wir es einfach nicht mehr umdrehen können.

Ich war vierzehn Jahre alt und war bereits als Teenager im Fernsehen extrem erfolgreich. Ich galt bereits als etwas Besonderes. Nicht nur in meiner Klasse. Die ganze Schule wusste, dass ich im Fernsehen auftrat und dort Hauptrollen spielte. Alle meine Mitschüler wussten, dass ich Interviews gab, dass ich eine Agentur hatte und die Fernsehsender um mich buhlten.

Für alle anderen war dies etwas Besonderes, weil es außerhalb ihrer Reichweite lag. Für mich war es völlig normal, weil meine Eltern bereits Schauspieler waren und ich auf Probebühnen groß geworden bin. Für mich war die ganze Schauspielerei ein Spiel. Nicht etwas, was man wirklich ernst nehmen sollte. Fremden Text aufzusagen, empfand ich nicht so wesentlich als Lebensziel. Ich wollte mein Abitur machen und Psychologie studieren. Das hatte mich schon immer begeistert und fasziniert.

Aber mit sechzehn Jahren veränderte sich mein Leben dramatisch. Ich spielte eine Hauptrolle in der Fernsehserie »Der Kommissar«. Damals gab es nur zwei Sender: die ARD und das ZDF. Und so sahen mich 22 Millionen Menschen an diesem Abend in dieser Hauptrolle im Fernsehen. Natürlich auch meine Mitschüler, meine Lehrer und der Schuldirektor. Alle, die mich kannten. Und natürlich auch alle, die mich nicht kannten.

Am nächsten Tag stieg ich völlig ahnungslos in den Bus, um zur Schule zu fahren. Ich kam exakt eine Haltestelle weit. Im vollbesetzten Bus erkannten mich sofort einige Menschen und fingen an zu kreischen. Innerhalb von Sekunden war ich die Attraktion des Linienbusses.

»Oh ja, das ist er.«

»Was? Du fährst noch Bus?«

»Mein Gott! Das ist er!«

Ich war nicht darauf vorbereitet. Ich kam genau eine Busstation weit, dann stieg ich panisch aus, lief nach Hause und vergrub mich dort eine Woche.

Aber das änderte nichts. Auch nach einer Woche war ich noch ein Star in den Augen der anderen. Ich war kein Teenager mehr, kein Schüler, ich war etwas Besonderes geworden. Alles, was ich tat, war nun besonders. Besonders toll oder besonders schlecht.

Ich konnte nicht einmal mehr zum Fußballspielen gehen wie jeder andere Junge auch. Alles, was ich auf dem Platz tat, war entweder besonders toll und super oder aber besonders arrogant, überheblich und selbstverliebt.

Aber ich war doch noch immer der Gleiche! Dachte ich. Aber so dachten nicht die anderen. Die gleichen Aktionen, die eine Woche vorher noch als ganz normal beurteilt wurden, wurden nun mit anderen Augen betrachtet. *Ich* wurde mit anderen Augen betrachtet.

Der Blickwinkel hatte sich über Nacht bei vielen verändert. Schoss ich ein Tor, wäre ich noch eine Woche vorher dafür bejubelt worden, jetzt drängte ich mich angeblich nur in den Vordergrund. Selbst wenn ich gefoult wurde, gab es böse Kommentare. Wohin ich auch ging, ins Kino, ins Restaurant, man glotzte mich ständig an. Ein normales anonymes Leben war nicht mehr möglich. Ich stand beständig unter Beobachtung.

Mädchen fanden sich gerne an meiner Seite. Aber ich war mir nicht mehr so ganz sicher, ob sie wirklich mich meinten oder meinen Erfolg. Erfolg kann misstrauisch machen. Ich wurde misstrauisch anderen gegenüber. Und andere wurden misstrauisch mir gegenüber. Keiner verhielt sich mehr normal. Was auch immer ich tat; ich könne mir das ja nur leisten, sagten sie, weil ich erfolgreich sei. Ich hätte ja nur Mädchen, weil ich erfolgreich sei. Ich dürfe ja nur lange Haare tragen, weil ich berühmt sei.

Ich wurde zum Führer unserer Clique, weil das von mir erwartet wurde. Ich wurde Klassensprecher, weil das von mir erwartet wurde.

Ich war zum Außenseiter geworden. Nicht weil ich es wollte, sondern weil die anderen mich dazu machten. Sie glaubten nicht mehr daran, dass ich ein ganz normaler Junge war. Sie hoben mich auf einen Sockel, auf dem ich doch gar nicht sein wollte, und zerrten gleichzeitig ständig an diesem Fundament, weil sie sich nun im Verhältnis zu meinem Podest so klein vorkamen.

Ich war einsam geworden. Erfolgreich? Oh ja, sehr. Ich bekam unglaublich viele Angebote als Schauspieler, und man sah mich ständig im Fernsehen. Aber war ich glücklich? Das glaubten zumindest alle anderen. Ich hatte es ja geschafft, sagten sie. Aber wenn ich tiefer in mich blickte, dann war ich einfach nur einsam.

Die Sympathie der Lehrer teilte sich auf. Manche machten mir das Leben besonders schwer, weil ich nicht länger der Rolle des Schülers entsprach, manche machten es mir besonders leicht, weil sie an mich glaubten.

Ein Lehrer, ein einziger, nahm mich eines Tages beiseite und unterhielt sich mit mir. Noch heute habe ich seine Worte im Ohr. »Lass dich nicht unterkriegen«, sagte er.

Ich lachte. »Niemals«, erwiderte ich, weil ich mich stark zeigen wollte.

»Von dir wird viel erwartet«, sagte er. »Aber das ist unfair. Du verlierst auf diese Weise deine Kindheit. Teenager zu sein, ist wundervoll, weil man alle Fehler der Welt machen darf. Dir aber nimmt man diese Freiheit. Sie wird dir irgendwann einmal fehlen. Wenn du dich später einmal ganz kindisch benimmst, dann denke daran, dass du einfach nur nachholst, was man dir jetzt gerade nimmt.«

Er betrachtete mich eine Weile, dann fuhr er fort: »Aber dafür bekommst du jetzt etwas anderes. Du lernst, mit Verantwortung umzugehen. Andere orientieren sich an dir. Das kann später eine große Chance sein. Auch wenn du jetzt einsam bist, irgendwann wirst du entdecken, dass diese Jahre dich stark gemacht haben. Du entwickelst gerade ein wundervolles Talent. Du kannst Menschen führen und leiten. Sie hören auf dich. Sie machen dich zu einer führenden Persönlichkeit. Das kannst du annehmen und daran reifen oder es zurückweisen und daran scheitern. Ich an deiner Stelle würde es annehmen.«

Natürlich tat ich das Gespräch als nicht so wertvoll ab. Ich gab mich eher gleichgültig, aber seine Worte waren Gold für mich. Endlich war da jemand, der mich verstand.

Dieser Lehrer hatte immer wieder so ein kleines Gespräch mit mir. Ich vertraute ihm immer mehr. Irgendwann hörte ich sehr gerne auf das, was er mir sagte. Durch ihn war ich nicht mehr so alleine.

Es war derselbe Lehrer, der auch die Brüder Fritz und Elmar Wepper unterrichtet hatte. Er unterstützte mich immer wieder mit kleinen Worten und Blicken des Verständnisses. Und doch sollte ich ein Jahr später im Hochsommer gerade ihn sehr verletzen.

Ich war ein durchschnittlicher Schüler. Ich hatte keine herausragenden Noten, dafür fehlte ich viel zu oft im Unterricht, um für das Fernsehen zu drehen. So hatte ich auch keine sehr gute Note in Mathematik. Das machte aber nichts. Die Abiturprüfungen lagen hinter mir und die Hochschulreife war mir sicher. Ich würde auf die Uni gehen können, gleichgültig, ob ich nun eine Drei oder eine Vier in Mathe im Abschlusszeugnis bekam. Und so ergriff ich nicht die Chance, meine Note in Mathematik zu verbessern, und ging nicht mehr zur mündlichen Prüfung.

Kurz vor den Sommerferien besuchte ich meinen Lehrer, der sich so fürsorglich um mich gekümmert hatte, um mich von ihm zu verabschieden. Zum ersten Mal in den letzten drei Jahren habe ich ihn regelrecht sauer erlebt. Er war enttäuscht. Er hatte sich vorgenommen, mir durch die mündliche Prüfung zu helfen. Er hätte dafür gesorgt, dass ich eine bessere Note bekäme. Es hätte ihn stolz gemacht, wenn ich in seinem Fach besser gewesen wäre.

»Habe ich kein Recht auf Erfolg?«, fragte er, und mir wurde klar, dass ich ihn mehr zurückgewiesen hatte, als mir bewusst gewesen war.

Ich hatte ihm seinen Erfolg verwehrt. Ich hatte ihm nicht das Geschenk der Anerkennung zurückgegeben. Ich hatte ihm gezeigt, dass es mir gleichgültig war, welche Note ich in seinem Fach hatte.

Ja, ich hatte ihm diesen Erfolg verwehrt. Gleichzeitig hatte dieser Lehrer wohl den größten Erfolg in meiner ganzen Schulzeit. Denn er lehrte mich mehr als Mathematik. Er lehrte mich das Wesen des Erfolges. Er sah seine Aufgabe darin, für mich da zu sein und mich durch meinen plötzlichen Erfolg als Schauspieler zu begleiten.

Dr. Rainer. Wahrscheinlich lebt er gar nicht mehr. Er hatte schon damals ein stattliches Alter. Aber was weiß ein Teenager schon vom Alter.

Falls es dich noch gibt, lieber Dr. Rainer, vielleicht bist du ja schon neunzig, dann übersende ich dir hiermit meinen Dank. Deine Worte wirken noch heute in mir. Und ja, es tut mir leid, den Integralsatz habe ich noch heute nicht verstanden. Aber deine Liebe und deine Fürsorge. Und deine Worte zur rechten Zeit. Die habe ich verstanden und zu einem Teil von mir werden lassen.

»Sorry, dass ich versagt habe«, sagte ich damals zu ihm.

»Du hast nicht versagt«, lächelte er ruhig und besonnen. »Das kannst du gar nicht. Du weißt vielleicht wenig über mathematische Gesetze, aber mit so einem großen Herzen wie du, da gelten die Gesetze der Mathematik nicht. Da gelten andere Gesetze. Weißt du, Pierre, es gibt Jahre, da unterrichtet man und weiß nicht warum. Und dann ...«, sagte er und unterbrach sich. »Ach was«, sagte er und drehte sich um und ging.

Er musste auch nichts mehr sagen. Wir hatten uns auch beide so verstanden.

Später sahen wir uns noch einmal im endlos langen Gang der Schule. Noch heute habe ich den Linoleumgeruch in der Nase und die entfernten hallenden Rufe anderer Schüler. Dr. Rainer stand weit entfernt mit zwei anderen Lehrern zusammen und unterhielt sich mit ihnen. Als er mich am Ende des Ganges stehen sah, ging er zwei Schritte in meine Richtung und verbeugte sich vor mir. Die Verbeugung war mehr als Achtung und Anerkennung. Noch heute sehe ich den endlos langen Gang und diesen wundervollen Mann als entfernte Silhouette. Noch heute habe ich Tränen in den Augen, wenn ich daran denke.

Er sah auch etwas in mir. Aber seltsamerweise etwas ganz anderes als alle anderen. Und das, was er in mir sah, berührte mich zutiefst. Was also ist Erfolg? Vierzig Jahre später sind es immer noch seine Worte. Worte, die mich geprägt haben.

- Überlege dir, wen du mit deinen Worten unterstützen kannst.
- Hilf anderen. Baue sie auf, schenke ihnen Kraft und Vertrauen. Zeige ihnen, dass sie so, wie sie sind, in Ordnung sind.
- Und zeige anderen, wenn sie dir geholfen haben, wie wesentlich ihre Hilfe für dich war bzw. ist.
- Schenke anderen die Anerkennung ihres Erfolges.
- Deine Anerkennung ist für andere ein großer Erfolg. Gönne das anderen.

Wenn du anderen hilfst, sie aufbaust oder aber ihnen zeigst, wie wesentlich sie in deinem Leben sind, wirst du es ebenfalls bekommen: das wundervolle Gefühl, wesentlich zu sein. Du machst dann etwas aus in dieser Welt. Du bist für andere wesentlich. Für jemand anderen wesentlich zu sein, ist einer der größten Erfolge, die wir erleben können. Es ist ein Erfolg, von dem wir noch lange zehren können. Manchmal ein Leben lang.

Erfolg ist ...
die Seele eines anderen Menschen
zu berühren.

Lege den Samen späteren Glücks schon heute

Nur wer in die Liebe investiert,
ist wirklich erfolgreich.

Sicherlich erinnerst du dich noch an den alten Mann vom Kiosk beim Frühlingsfest. Ein paar Wochen später landete ich wieder dort, ohne dass ich gezielt dorthin gefahren wäre. An einem der kleinen runden Holztische saßen drei ältere Männer, und als sie mich sahen, rückten sie zusammen und luden mich auf ein Bier ein.

Wir kamen ins Gespräch und ich stellte etwas Erstaunliches fest. An diesem kleinen Holztisch saßen drei vollständig verschiedene Menschen. Ein Hartz-IV-Empfänger, ein Manager im Ruhestand und ein ehemaliger Lampenproduzent. Und noch etwas war wirklich erstaunlich. Der Hartz-IV-Empfänger hatte drei Kinder, der Manager drei Herzinfarkte, der Produzent drei Scheidungen. Wir lachten sehr über diese Entdeckung, und ich sagte, dass es doch seltsam sei, dass drei so unterschiedliche Menschen einhellig zusammensitzen würden.

»Wir haben früher einmal den gleichen Kindergarten besucht«, sagte der Manager. »Wir sind im gleichen Viertel aufgewachsen«, ergänzte der Hartz-IV-Empfänger, »und haben uns aus den Augen verloren. Wie das Leben halt so läuft.«

Ich erzählte, dass ich gerade ein Buch über Erfolg schreibe, und wollte von ihnen wissen, was denn für sie Erfolg sei? Sie überlegten eine Weile, dann sagte der Hartz-IV-Empfänger: »Die Kinder zu sehen.«

»Gesund zu sein«, sagte der Manager. Der Produzent schmunzelte, zuckte mit den Schultern und sagte: »Noch mal heiraten.«

Wie sehr sich doch die Zielsetzungen von Erfolg verändern! Vor einigen Jahren noch wollte der Hartz-IV-Empfänger endlich wieder Arbeit haben, der Manager sein Portfolio verbessern und der Produzent einen dritten Betrieb in Spanien eröffnen. Heute waren diese einst so wichtigen Ziele völlig unwichtig geworden. Erfolg wurde irgendwie anders bemessen.

Ich wollte wissen, wer denn ihrer Meinung nach jetzt im Nachhinein betrachtet wohl den größten Erfolg gehabt habe. Eine Weile herrschte Stille. Dann waren alle drei überzeugt, dass der Hartz-IV-Empfänger wohl der erfolgreichste an diesem Tisch sei. Vielleicht besitze er das wenigste Geld und keine Auszeichnungen und schon gar keinen Porsche. Auch sein Fahrrad sei etwas ältlich. Dafür habe er drei Kinder, die ihn liebten.

Vielleicht beneiden wir uns immer gegenseitig. Der Hartz-IV-Empfänger den Manager um sein Geld. Der Manager den Lampenproduzenten um seine Gesundheit. Der Lampenproduzent den Hartz-IV-Empfänger um seine Kinder. Ein Leben lang hatten es die anderen immer besser. Immer fehlt uns etwas, was die anderen zu besitzen scheinen.

Aber nun, nach einem gelebten Leben, saßen sie einhellig

zusammen. Vor vielen Jahren hätten sie sich nichts zu sagen gehabt. Viel zu unterschiedlich waren die jeweiligen Zielsetzungen und Interessen.

Seltsam, wie ein Leben so läuft. Im Kindergarten hat man noch begeistert zusammen gespielt. Im Leben ist man getrennte Wege gegangen, und auch in der Lebenseinstellung ist man vollkommen auseinandergedriftet. Doch nun, im Alter, saßen sie, obwohl sie doch so unterschiedliche Lebensgeschichten hatten, wieder einhellig zusammen.

Im Alter relativiert sich alles. Da sitzen wir wieder gemeinsam zusammen und trinken ein Bier. Ein Leben lang dem Erfolg hinterhergelaufen, drei Kinder durchgebracht, drei Herzinfarkte überstanden, drei Ehefrauen ausbezahlt.

Im Alter lächelt man rückblickend über sein vergangenes Leben. Wie sehr hatte man sich angestrengt. Wie sehr hatte man gekämpft. Und nun saß man wieder zusammen und trank gemeinsam ein Bier. Weil man sich so viel zu erzählen hatte. Weil man sich so nah war. Weil wir alle doch immer nur ein Seelenmaterial sind. Auf der Suche nach dem Glück.

An diesem Nachmittag fanden wir das Glück an diesem Tisch mit den so verschiedenen und doch so ähnlichen Menschen. Aber eines hatte dieser Nachmittag gezeigt. Erfolg ist flüchtig. Erfolg vergeht ebenso, wie er gekommen ist. Erfolg gerät in Vergessenheit. Erfolg verändert sich.

- Vielleicht ist es ganz gut, sich einmal zu überlegen, was wir von unserem Erfolg erwarten, wenn wir ebenso alt sind und an solch einem Tisch mit anderen Menschen sitzen würden.

- Schau gedanklich in die Zukunft. Auf was möchtest du im Alter zurückblicken?
- Was würde dich mit Stolz erfüllen?
- Was möchtest du gerne im Alter erleben?

Den Samen dafür säst du jetzt. Möchtest du im Alter Glück und Freude ernten, solltest du dein Augenmerk schon jetzt auch darauf legen.

Kein Wunder, dass der Hartz-IV-Empfänger bei der Erfolgsanalyse gewonnen hat. Auch die Glücksforschung fand heraus, dass eine Familie durchaus stressen kann. Im hohen Alter aber ist sie der Garant für ein glückliches Leben. Der Manager hat im Alter nicht mehr viel, was er zum Leben beitragen könnte. Der Produzent setzt sich alleine auf sein teures Fahrrad und strampelt in sein einsames Zuhause mit Whirlpool. Der Hartz-IV-Empfänger hatte mit seinen drei Kindern und den fünf Enkeln noch genug an Lebensinhalten gefunden. Er tat darüber hinaus noch etwas anderes, das seinem Leben einen Sinn gab: Er fuhr regelmäßig in ein Pflegeheim und las dort den alten Menschen aus Büchern vor. Weder der Manager noch der Produzent konnten sich vorstellen, so etwas zu tun.

Der Hartz-IV-Empfänger hatte etwas, was den anderen fehlte, weil das Leben sie nie dazu gebracht hatte, es zu entwickeln: die Liebe und das Gefühl, für andere da zu sein. Hatte er sich auch im Leben oftmals benachteiligt gefühlt – jetzt im Alter war er reich. Weil all die Liebe und Fürsorge wieder zu ihm zurückströmten.

Und hier schließt sich der Kreis. Hier kommen wir wieder zu Walter Benjamin zurück, der sagte, dass man einer

Geschichte erst dann Bedeutung zumessen könne, wenn man das Ende von ihr gelesen habe. Dass man sogar erst dann, mit diesem Wissen, den Anfang richtig lesen und verstehen könne, wenn man die letzte Seite erreicht habe. Genauso verhielt es sich mit diesen drei Männern.

Vergiss also bei all dem schnellen Jagen nach Erfolg nicht auch den Erfolg, den du im Alter haben möchtest.

Erfolg ist ...
den Samen des Glücks für später
schon jetzt zu legen.

Entdecke die Schönheit in dir

Man will nicht nur glücklich sein,
sondern glücklicher als die anderen.
Und das ist deshalb so schwer,
weil wir die anderen für glücklicher halten,
als sie sind.
CHARLES-LOUIS DE MONTESQUIEU

Dieses Kapitel ist mir ein tiefes Anliegen, denn immer wieder höre ich den Satz: Wer schön ist, hat mehr Erfolg. Wir alle kennen diesen Satz. Wir mögen diesen Satz nicht. Wir finden es ungerecht. Aber leider belegen immer wieder irgendwelche Studien den Wahrheitscharakter dieser Aussage.

Ist das Leben wirklich so ungerecht? Zum einen empfinden sich die meisten von uns als recht wenig attraktiv, zum anderen werden wir also dafür auch noch bestraft? Natürlich wollen wir dies nicht wahrhaben. Und dennoch gilt es als erwiesen, dass man schönen Menschen wesentlich freundlicher und offener gegenübertritt. Sie haben es auch wesentlich leichter, berufliche und private Türen geöffnet zu bekommen.

Schöne Menschen werden ganz offensichtlich begünstigt. Bei Einstellungsgesprächen, beim Flirten, selbst beim Upgrade im Flugzeug oder beim Ausleihen eines Autos.

Selbst Politessen drücken so manches Mal ein Auge zu. Schöne Menschen erhalten wesentlich öfter ein offenes Ohr und bekommen jede Menge Anerkennung. Schönen Menschen fliegt das Leben – und die Welt – nur so zu. Sie stehen meist ganz vorne in der Schlange. Und das auf der ganzen Welt.

Und so streben wir alle nach Schönheit. Wir suchen sie zu jeder Gelegenheit. In jedem Gegenstand, in jedem Erlebnis. Manchmal sehen wir sie auch in anderen Menschen. Noch öfter sehen wir sie auf Plakatwänden. Wunderschön, spärlich bekleidet, schlank und ohne jeglichen *menschlichen* Makel.

Meist wollen wir ebenso schön und makellos sein wie all die Menschen, die wir täglich in der Werbung zu sehen bekommen. Auf diesen Fotos können wir schließlich sehr gut erkennen, dass diese Menschen glücklich und erfolgreich sind und auf der Sonnenseite des Lebens stehen.

Wir nehmen diese äußerlichen Erscheinungen als unser unausgesprochenes Vorbild und versuchen uns diesem Ideal anzunähern, damit wir auch etwas von diesem Glück abbekommen. Wir haben also eine ziemlich genaue Vorstellung davon, was schön ist.

Dabei verkennen wir oft, dass diese Menschen einfach nur jung sind und ihre Strahlkraft noch nicht verloren haben. Auch dass sie geschickt ins Licht gesetzt und raffiniert geschminkt wurden und dass die Bilder anschließend sehr lange bearbeitet wurden, damit man all die Unreinheiten nicht mehr erkennen kann. So ein Bild ist also eine Lüge. Ein Fantasieprodukt.

Wir wissen das natürlich alles. Und dennoch eifern wir

diesem Schönheitsideal nach – das es in Wahrheit gar nicht gibt –, weil wir glauben, auf diese Weise ebenso glücklich und erfolgreich werden zu können. Und so vergleichen wir uns täglich mit diesen unerreichbaren Vorbildern und schneiden natürlich bei diesem Vergleich ziemlich schlecht ab.

Wenn wir mit diesem Bewusstsein in den Spiegel schauen, erkennen wir immer nur, was wir nicht sind.

Jeder Blick in den Spiegel verletzt uns. Wir wollen nicht so sein, wie wir sind. Wir lehnen es ab, wie wir aussehen. Durch den leistungsbezogenen Blickwinkel ewiger Jugend nehmen wir uns selbst immer weniger an. Und da wir uns selbst immer weniger annehmen, lehnen wir natürlich auch alle anderen ab, die nicht diesem Schönheitsideal entsprechen. Damit entfernen wir uns aber auch immer mehr von unserem Glück. Unser Blickwinkel liegt nur noch auf unseren scheinbaren Unzulänglichkeiten. Wir fühlen uns ausgeschlossen vom Leben der Schönen und Glücklichen. Dabei ist das nur eine seltsame Verkehrung der Wahrheit.

Denn eines ist doch seltsam. Betrachten wir uns einmal all die erfolgreichen Menschen dieser Welt, dann können wir nur äußerst selten ein attraktives, anmutiges Erscheinungsbild ausmachen. Wenn die Verknüpfung von Erfolg und Schönheit wirklich stimmen würde, wenn es wahr wäre, dass schöne Menschen erfolgreicher sind, dann müssten wir doch beispielsweise von wunderschönen schlanken Menschen mit ebenmäßigen Gesichtern regiert werden. Aber schau dir doch einmal die Führer dieser Welt an. Die Politiker, die Topmanager, die Nobelpreisträger oder vielleicht

auch nur deinen eigenen Chef. Schöne Menschen sind hier
nur selten vertreten.

Warum ist das so?

In der Tat erhalten schöne Menschen wesentlich mehr
Vorschusslorbeeren als andere. Schließlich erwidern auch
wir ihr Lächeln viel eher, nicht wahr?!

Und ja, es stimmt, die Türen öffnen sich für sie schneller und leichter. Aber genau hier ist auch gleich der größte
Nachteil zu finden. Schöne Menschen haben oft nicht
genügend Durchsetzungskraft entwickeln müssen. Ihnen
fiel alles vor die Füße. Sie mussten nicht kämpfen, nicht
mit Leistung kompensieren, waren nicht gezwungen, Über-
lebensstrategien zu entwickeln, und brauchten auch nicht
durch interessante Gespräche zu gefallen.

Ja, es stimmt, die Türen öffnen sich für schöne Menschen
schneller und leichter. Aber wenn die Türen offen sind und
dann nichts Essenzielles nachkommt, dürfen sie durch diese
offenen Türen auch ganz rasch wieder hinausgehen.

Der Satz: Wer schön ist, hat mehr Erfolg, stimmt also
nur anfangs. Und nicht selten führt das gute Aussehen zum
Gegenteil. Denn es gilt ebenso als erwiesen, dass man schönen Menschen wesentlich weniger zutraut. Auch das mag
ein ungerechtes Vorurteil sein …

Äußere Schönheit ist keine Garantie für Glück und Erfolg.

In meinem Leben habe ich viele schöne Menschen getroffen. Aber seltsamerweise waren sie nicht von vornherein
wesentlich glücklicher als andere. Sie hatten einfach nur mit
anderen Problemen zu kämpfen.

Viele gaben zum Beispiel ihrer Schönheit die Schuld, dass sie so oft nur das Besitzdenken anderer wachriefen. Oder ausschließlich sexuelle Sehnsüchte. Sehr oft fielen sie auch auf falsche Partner herein, und die seien gar nicht an ihrem wahren Selbst interessiert gewesen, sondern nur an ihrem Äußeren.

Andere hatten dagegen oft mit großen Eifersuchtsattacken ihrer Partner zu kämpfen, weil die nicht wirklich glauben mochten, dass so ein schönes Wesen bei ihnen bleiben würde und den mannigfaltigen Angeboten und Versuchungen auf Dauer widerstehen könnte.

Schöne Menschen haben auch sehr oft mit den Minderwertigkeitsgefühlen anderer zu tun und sind stets bemüht, andere aufzubauen, die sich in ihrer Gegenwart klein und unansehnlich fühlen. Oft hält man sie wegen ihrer Schönheit für oberflächlich. Noch immer glauben viele, schöne Frauen seien dumm. Darüber hinaus traut man ihnen oft nicht zu, dass sie etwas leisten können. Man glaubt, sie bekämen in ihrem Leben alles geschenkt. Vor allem aber kämpfen schöne Menschen mit einem: mit der Zeit. Da sie bislang immer nur auf ihre Schönheit reduziert wurden, glauben sie, ihr einziges Potenzial mit dem Alter zu verlieren. Sie haben nicht gelernt, dass sie auch als Mensch wertvoll sein können. Oft sind sie sogar davon überzeugt, dass, wenn sich die ersten Verwelkungsspuren zeigen, sie ins Abseits der Gesellschaft geraten oder ihr Partner sie verlassen wird und sich eine Jüngere sucht.

Schöne Menschen haben nicht von vorneherein
das Glück und den Erfolg gepachtet.

Fühle dich also nicht zurückgesetzt, wenn du glaubst, vom Schicksal benachteiligt zu sein. Schöne Menschen haben einfach nur mit ganz anderen Problemen zu kämpfen als du. Wir sehen natürlich immer nur die Sonnenseite. Aber wo viel Licht ist, ist auch viel Schatten.

Schöne Menschen sind genauso wie alle anderen dem ganz alltäglichen Leben mit all seinen Problemen ausgesetzt. Sie sind auch allein erziehende Mütter, wurden betrogen und verraten, kämpfen um Selbstständigkeit oder knabbern am Existenzminimum.

Wir wollen immer nur so lange tauschen,
bis wir tiefer in ein Leben hineinschauen können.

Meist sind wir dann sehr zufrieden mit dem, was wir haben. Denn die Schönheit, die uns glücklich machen würde, kommt immer nur von innen.

Wahre Schönheit sehen wir nicht nur mit den Augen,
sondern vor allem mit dem Herzen.

Wenn man einen schönen Menschen als Partner hat, geschieht oft etwas Seltsames. Schon nach kurzer Zeit kann man die äußere Schönheit nicht mehr in der gleichen Intensität wie zu Anfang der Beziehung wahrnehmen. In unserer Wahrnehmung vermischt sich das wundervolle Äußere immer mehr mit all den inneren Qualitäten, die uns der Mensch, der an unserer Seite steht, anbietet.

Ist er voller Milde, Güte, Zuversicht und Liebe, nehmen wir diese innere Schönheit wesentlich intensiver wahr als sein äußeres Antlitz. Ist dieser Mensch aber innerlich zerrissen, streitlustig und voll ungelöster Muster und Probleme, dann werden sich diese inneren Qualitäten in den Vordergrund schieben. Dann kann er noch so schön sein, wir werden diese Schönheit nicht mehr wahrnehmen können.

Bereits nach wenigen Wochen können wir also gar nicht mehr erkennen, ob der Mensch, den wir als Partner gewählt haben, wirklich schön ist oder nicht. Wir sehen nur noch die innere Schönheit.

*Wir lieben, und mit dem Blickwinkel der Liebe
setzen wir ganz andere Maßstäbe.*

Also auch wenn wir glauben den Maßstäben der Gesellschaft nicht zu entsprechen, wenn unser äußeres Erscheinungsbild nicht den ewig jugendlichen Vorbildern ähnelt, spielt das in Wahrheit keine sehr wesentliche Rolle. Unser Umfeld nimmt bereits nach kurzer Zeit vorrangig nur noch unsere innere Schönheit wahr. Denn lang anhaltende wahre Schönheit strahlt immer nur von innen nach außen. Wie gerne sind wir mit Menschen zusammen, die voller Humor sind, die liebevoll mit sich und anderen umgehen, die stets Milde walten lassen und gelernt haben mit ihren eigenen Fehlern und Schwächen auszukommen.

Als ich vor kurzem zu einem Event eingeladen war, saß ich mit vielen anderen sehr erfolgreichen Menschen zusammen an einem großen, runden Tisch. Wir lachten, alberten herum und hatten unglaublich viel Spaß.

Neben mir saß ein sehr bekannter Schönheitschirurg.

Anstatt mit mir den Abend in wundervoll geselliger Laune
zu verbringen, so wie es eben alle an diesem Tisch taten,
erzählte er mir mit gedämpfter Stimme, was er an all den
Menschen, die an diesem Tisch saßen, korrigieren würde.
An jedem einzelnen fand er einen Makel.

In dem Moment geschah etwas Seltsames. Bis zu diesem
Zeitpunkt hatte ich mich prächtig amüsiert, aber nun, nach-
dem dieser Schönheitschirurg meinen Blickwinkel auf den
jeweiligen Mangel in den Gesichtern gelenkt hatte, sah ich
diese auch – und zwar nur noch diese. Die Schlupflider, die
Nasen, die nicht geradlinig gewachsen waren, das Doppelkinn, die Falten am Hals, die bereits erschlaffte Gesichts-
haut, die Ohren, die leicht abstanden, die Oberarme ohne
Festigkeit, ein viel zu großer Bauch etc.

Merkwürdigerweise sah dies sonst niemand an dem
Tisch. Alle lachten und waren vergnügt und mehr oder minder glücklich. Nur mein Blickwinkel war auf etwas gelenkt
worden, was ich auf diese Weise vorher gar nicht beachtet
hatte. Bis zu diesem Zeitpunkt hatte ich mit allen anderen
einfach nur einen vergnügten Abend verbracht. Ich mochte
ihre Art zu lachen, zu reden, Witze zu erzählen und herum-
zualbern.

Aber plötzlich war ich von dem Vergnügen und der
Lebendigkeit des Tisches ausgeschlossen. Dieser Schönheitschirurg hatte einen seltsamen Samen gesät. Obwohl
an unserem Tisch alles war wie zuvor – noch immer hatten
alle Spaß an diesem Abend –, hatte meine Freude ziemlich nachgelassen. Ich empfand meine Tischnachbarn sogar
plötzlich gar nicht mehr als so sympathisch wie vorher.

Genaugenommen mochte ich nicht, was ich sah. Ich

stand auf und ging im Saal umher. Es war seltsam. Unter diesem neuen Blickwinkel benötigte jeder eine Korrektur. Jeder in diesem Saal benötigte ganz dringend eine Korrektur. Eigentlich die ganze Welt.

Wer denkt hier nun richtig und wer falsch? Muss sich die ganze Welt unter das Messer eines Schönheitschirurgen legen, weil wir die Welt nicht so annehmen wollen, wie sie ist, sondern nur so, wie sie dem Diktat eines wirklichkeitsfremden Schönheitsideals entspricht.

Ich begann über die seltsame Verkehrung der Wahrheit zu schmunzeln und setzte mich zurück an den Tisch. Und da erkannte ich die ganze Wirklichkeit. Die Schlupflider gehörten einem wundervollen Menschen, das Doppelkinn war voller Humor, die abstehenden Ohren konnte der Besitzer sogar bewegen, wenn man ihn darauf ansprach, und der Bauch sprang vor und zurück, wenn sein Inhaber lachte, sodass man unweigerlich mitlachen musste. Was für liebenswerte Menschen! Was für wundervolle Wesen! Was für eine Fülle an Leben! Und welch fataler Irrtum, das Leben nicht einfach so anzunehmen, wie es ist.

Letztendlich bezahlen wir diesen Irrtum mit ständiger Unzufriedenheit. Genaugenommen fühlen wir uns dadurch nur unglücklich.

An diesem Abend geschah noch etwas Seltsames. Als ich zum Tisch zurückkam, fiel mir auf, dass unsere Gastgeberin, eine aparte, schlanke Frau, seltsam still geworden war. Wir saßen nebeneinander, aber sie nahm nicht mehr wirklich am Gespräch teil. Erst später erzählte sie mir, dass sich der Schönheitschirurg zu ihr gebeugt und ihr mitgeteilt habe, man könne aus ihrer Nase auch noch etwas machen.

Eine einzige solche Bemerkung, und schon war alle Lebendigkeit aus der fröhlichen, unterhaltsamen Frau gewichen. Erst als wir beide über diese Bemerkung herzhaft zu lachen begannen und den Schönheitschirurgen und seine begrenzte Sicht bedauerten, begannen wir wieder fröhlich zu werden. Noch amüsanter war es, als wir uns darüber austauschten, was wir alles beim Schönheitschirurgen verbessern würden. Das wäre wahrlich Schwerarbeit geworden!

Immer wenn ich wieder in die Falle des Vergleichens gerate, dann denke ich einfach nur an diesen Abend zurück, als wir vergnügt und glücklich waren, bis man mir einzureden versuchte, einen anderen Blickwinkel aufzusetzen. Dann denke ich auch an die Gastgeberin, die durch eine einzige Bemerkung über ihr Aussehen an Freude verloren hatte. Übrigens eine sehr erfolgreiche Frau.

- Wie ist das mit dir? Möchtest du deinen Blickwinkel vielleicht auch mal wieder etwas mehr zur Wahrheit lenken?
- Betrachte deine Mitmenschen mit den Augen der Liebe, und du wirst sehen, wie sie plötzlich erstrahlen.
- Erkenne in jedem das Göttliche, dann werden sie es auch in dir suchen wollen.
- Betrachte dich auch selbst voller Liebe und Zuneigung.
- Werde einfach von innen heraus schön, dann werden alle in dir nur diese Schönheit erkennen.
- Akzeptiere dich. Söhne dich mit deinem Körper aus. Betrachte dich im Spiegel und sage dir, wie schön du bist.

Liebe auch das, wie du geworden bist.

Du bist schön. Das warst du schon immer. Du hast dir nur etwas anderes einreden lassen.

Du bist schön. Wer etwas anderes in dir sieht, schafft es nur nicht, sich selber anzunehmen.

Je schneller du dich mit dir selber aussöhnen kannst, umso schneller wirst du Kraft und Energie für die Dinge zur Verfügung haben, die dich im Leben voranbringen werden. Würde, Aufrichtigkeit, Treue, Verlässlichkeit und viel, viel Humor sind die Zutaten zu wahrem Erfolg. Diese Qualitäten machen dich schön. Eine Schönheit mit Haltbarkeitsdatum. Diese Strahlkraft bleibt dir ein Leben lang. So bist du auch noch mit achtzig schön.

**Erfolg ist ...
die Schönheit in sich zu entdecken.**

Erfolg hat viele Komponenten

Vertrauen
Ehrlichkeit
Hoffnung
Optimismus
Mut
Initiative

Großzügigkeit
Freundlichkeit
Toleranz
Takt
Hilfsbereitschaft
gesunder Menschenverstand

Neugier
Offenheit
Klarheit
Durchsetzungsvermögen
angewandter Glaube
langer Atem

Geduld
Beharrlichkeit
Begeisterung
Zielstrebigkeit
Bereitschaft
Entscheidungsfreudigkeit

Freude
Lebendigkeit
Euphorie
Risikobereitschaft

Jeder Mensch besitzt viele dieser Eigenschaften.
Manche von ihr.en haben sich nur schlafen gelegt
und warten darauf, wieder geweckt zu werden.
Welche dieser Eigenschaften könntest du bei dir wieder wecken?

7

Erfolg ist ...
sich immer
weiterzuentwickeln

Auch das innere Bild von uns wächst und weitet sich

*Wir sehnen uns immer danach,
das eigene innere Bild von uns zu verwirklichen.*

Die meisten Menschen haben ein sehr genaues Bild von der Person, die sie gerne sein möchten. Dieses Bild wandelt sich im Laufe des Lebens.

Wenn wir jung sind und voller Tatendrang, werden wir mit Sicherheit versuchen, dieses Bild von uns zu verwirklichen. Wir geben unser Bestes, wir sind voller Hoffnungen und Pläne. Vielleicht sind wir auch sehr erfolgreich in der Umsetzung unserer eigenen Vorgaben. Vielleicht wachsen wir an all den Hürden und Hindernissen und werden größer als alle unsere Probleme.

Aber auch wenn wir viele unserer Zielsetzungen erreichen, auch wenn wir durchaus erfolgreich sind und auf ein erfülltes Leben zurückblicken dürfen, wird dennoch immer noch in unseren Köpfen die Sehnsucht herumschwirren, dass wir eigentlich noch ein perfekteres Bild von uns hätten abgeben können.

Auf den ersten Blick mag dies durchaus erstaunlich sein. Wie reich die Ernte unseres Lebens auch ausfallen mag, wie viel wir auch bereits erreicht haben mögen, fast immer werden wir selbst unseren inneren Ansprüchen nicht genügen.

Diesen Zwiespalt erleben wohl alle. Gleichgültig wie reich, angesehen oder ehrbar sie geworden sind.

Unsere Sehnsüchte werden nach wie vor ein
Teil unserer Persönlichkeit bleiben.

Auch wenn wir noch so viel geschaffen haben, wohnt fast allen Menschen diese Sehnsucht inne, dass wir noch zu größeren Dingen fähig gewesen wären.

Mir persönlich geht es ganz ähnlich. Auch wenn ich weiß, dass ich in den letzten achtzehn Jahren, seit der Geburt meiner Tochter, alles getan habe, um für sie da zu sein, gibt es dennoch auch das Gefühl, ich hätte noch mehr tun können. Was auch immer wir in unserem Leben erreicht haben:

Dieses Bild von einem besseren,
größeren Menschen bleibt in uns.

Das ist nur zu verständlich. Denn mit jedem Erfolg, den wir erreicht haben, haben sich auch unsere Ziele verändert und ausgeweitet. Im Laufe der Zeit rückten vielleicht auch viele unserer bisherigen Ziele immer mehr vom Materiellen ab und anderes trat in den Vordergrund. Vielleicht ist es nicht mehr das Haus, das Boot, der Urlaub, die Karriere, das Bankkonto. Vielleicht möchten wir einfach nur geduldiger sein, gelassener, freundlicher. Das innere Bild von uns ist vielleicht ein Mensch, der sich Zeit für andere nimmt, der lebendig ist und offen und voller Liebe.

Wenn wir unserem eigenen Bild einer perfekten Person folgen, wissen wir, was alles möglich wäre. Wir wissen auch, dass es noch nicht zu spät ist. Aber dann erfahren wir immer wieder auch unsere Unzulänglichkeit. Natürlich sehnen wir uns danach, bewusst und reif zu sein. Wir wollen wachsen, auch emotional. Wir wollen liebenswert sein, voller Mitgefühl, ausgeglichen und zufrieden. Aber wir sollten uns dabei stets bewusst machen, dass wir unsere eigenen Ziele nie vollständig erreichen werden.

Denn unsere Ziele wachsen mit unserem
persönlichen Wachstum.

Unsere Ziele wandeln sich im Laufe des Lebens. Auch sie werden reifer und bewusster. Daher werden wir es nie schaffen, so zu sein, wie wir es gerne möchten. Denn unser Sehnen streckt sich immer nur nach dem Menschen aus, den wir innerlich erblicken. Und dieses eigene innere Bild von uns wandelt sich mit jedem Erreichen eines Zieles.

Auch das innere Bild von uns wächst und weitet sich.

Die Sehnsucht nach dem Menschen, der wir hätten sein können, wird also nie vergehen. Auch nicht mit sechzig oder neunzig. Selbst meine Mutter mit 67 hat noch ein Bild von sich, das sie gerne verwirklicht hätte. Und das ist gut so.

Diese Sehnsucht zeigt nicht unser Scheitern,
sondern bezeugt unseren steten Wandel
und unsere Transformation.

Allerdings kann sich – wenn wir etwas älter sind – die Betrachtungsweise des einstigen hoffnungsvollen Strebens nach diesem eigenen inneren Bild wandeln und läuft daher Gefahr, das Gefühl von Selbstmitleid in uns auszulösen. Oftmals sehen wir dann nur, was wir alles nicht erreicht haben.

Nichts kann der Wahrheit ferner sein. Unsere Sehnsüchte lassen sich nie endgültig befriedigen. Dies ist auch nicht der Sinn von Sehnsüchten. In dem Wort *Sehnsucht* steckt das Wort *Sehne*. Aufgabe der Sehne ist es, sich zu dehnen und auszustrecken.

Wir strecken unsere Persönlichkeit,
um dem eigenen Bild nahe zu kommen.

Unsere Sehnsucht hilft uns, in neue, größere Ziele hineinzuwachsen. Mit jeder neuen Sehnsucht werden wir also immer mehr zu der Person, die wir von uns im Geiste entworfen haben. Und da sich dieses Bild von uns stets wandelt und weitet, kannst du an deinen Zielen sehr gut erkennen, was du bisher alles erreicht hast.

Bleibe dir gegenüber also gerecht. Du hast dich entwickelt und betrachtest und bewertest dich heute aus deinem jetzigen Bewusstsein heraus.

- Betrachte all deine Ziele, die du vor vielen Jahren gehabt hast.
- Schau einmal, welche deiner damaligen Ziele du umgesetzt hast.
- Und welche irgendwann an Wichtigkeit verloren haben.

Dann wirst du auch den Wandel in deiner Person erkennen können.

- Erkenne, dass deine jetzigen Sehnsüchte nur weitere Stufen zur nächsten, größeren, tieferen Wahrheit deines Selbst sind.
- Sei dir sicher, dass weitere Stufen auf dich warten.
- Freu dich darauf.

**Erfolg ist ...
das Wachsen der eigenen
Sehnsüchte zu erkennen.**

Warum es ein Glück ist, dass wir nie auf Dauer zufriedenzustellen sind

Wer aufgehört hat, besser zu werden,
hat aufgehört, gut zu sein.

Die Stufen des Erfolges

Es gibt Momente in unserem Leben, da haben wir ein ganz klares Ziel vor Augen, welches wir unbedingt erreichen wollen. In solchen Zeiten können wir an nichts anderes mehr denken. Wir sind felsenfest davon überzeugt, dass, wenn wir nur endlich diesen einen Punkt in unserem Leben geschafft haben, wir glücklich und zufrieden sein werden.

Meist ist dies auch der Fall. Aber merkwürdigerweise hält diese Zufriedenheit nie lange an.

Denn kaum haben wir unser lang ersehntes Ziel endlich erreicht, erscheint auch schon wieder ein neues, anderes, ebenso wesentliches Ziel, und das Spiel beginnt von vorne. Man könnte fast glauben, wir seien einfach durch nichts auf Dauer zufriedenzustellen. In gewisser Weise stimmt das auch. Und dafür gibt es einen wichtigen Grund.

Wir arbeiten unsere Bedürfnisse
nach einer inneren Rangfolge ab.

Für jeden Menschen gibt es, auch wenn er noch so individuell zu sein scheint, eine ganz klare innere Rangfolge, in welcher er seine Lebensziele erreichen möchte.

Diese innere Rangfolge ist bei allen Menschen gleich.

Auch wenn wir glauben, dass die Bedürfnisse eines jeden Menschen vollkommen unterschiedlich sind, auch wenn wir überzeugt davon sind, einzigartig zu sein, so lassen sich unsere Erfolgsziele dennoch ziemlich klar in fünf verschiedene Stufen einordnen, wobei es für manchen erstaunlich sein mag, dass uns erst dann, wenn sich die Bedürfnisse einer Ebene erfüllt haben, der Mangel auf der nächsten Ebene auffällt.

Wir erkennen also viele unserer künftigen Ziele jetzt noch gar nicht. Sie zeigen sich uns erst dann, wenn sich ganz bestimmte andere Ziele zuvor erfolgreich erfüllt haben.

Diese fünf Erfolgsebenen entdeckte der Psychologe Abraham Maslow als Erster, und er entwarf eine sogenannte Bedürfnispyramide, die noch heute Gültigkeit hat. Diese Pyramide ist für uns sehr wesentlich. Wenn wir die Sinnhaftigkeit einer jeden Stufe verstehen, werden wir erkennen, warum wir nie lang anhaltend zufrieden sein werden und warum sich das Gefühl von Erfolg nicht konservieren lässt.

Vor allem aber erkennen wir, dass es wenig Sinn hat, ungeduldig zu werden oder Dinge beschleunigen zu wollen. Wir entwickeln uns, werden reifer und erwachsener. Schritt für Schritt. Von einer Ebene zur nächsten.

Und erst nach der vollständigen Befriedigung einer Ebene können wir weiter wachsen und die nächste Stufe erklimmen, auf der sich neue Ziel zu erkennen geben. Genau genommen zeichnet gerade dies unseren Erfolg aus. Wir wachsen. Wir werden reifer und anspruchsvoller.

> *Kaum hat sich ein Erfolg eingestellt,*
> *suchen wir nach neuen Zielen, die es zu erringen gilt.*

Aber auch wenn wir noch so ungeduldig sind, auch wenn wir es noch so eilig haben, ein Überspringen der Stufen ist nicht möglich. Unser Wachstum benötigt eben Zeit.

Allerdings können wir jederzeit auch wieder ein paar Stufen zurückfallen, wenn zum Beispiel unsere Gesundheit gefährdet ist oder unsere Sicherheit. Dann kehren wir ganz rasch wieder zur ersten Stufe zurück. Denn die erste Stufe ist die mächtigste und wesentlichste von allen. Das Befriedigen der Bedürfnisse auf dieser Ebene sichert unser Überleben.

Stufe 1: Physiologische Grundbedürfnisse

Für jeden von uns stehen natürlich die Grundbedürfnisse wie Hunger, Durst und Wärme als Erstes im Mittelpunkt unseres Lebens. Sind sie nicht gesichert – wie zum Beispiel Atmen, Essen, Trinken, Schlafen –, fürchten wir um unsere Existenz. Solange wir hier keinen Erfolg haben, werden wir keinen einzigen Gedanken an weiterreichendere Ziele verschwenden. Erst wenn diese körperlichen essenziellen Grundbedürfnisse gestillt sind, können wir die zweite Stufe betreten.

Stufe 2: Sicherheitsbedürfnisse

Auf der ersten Stufe geht es also um unser körperliches Wohl. Erst wenn diese physiologischen Bedürfnisse weitgehend bedient worden sind, machen wir uns Gedanken um unsere Sicherheit und Stabilität und um ein Mindestmaß an Geborgenheit. Und damit kommen wir auf die zweite Stufe.

Gedanken der Vorsorge treten nun in den Vordergrund. Der Wunsch nach einer Wohnung, nach Schutz vor Gefahren und nach sanitären Einrichtungen. Jetzt wird auch der Ruf nach Ordnung und Gesetzen und klaren Grenzen deutlicher. Wir wünschen uns eine deutliche Struktur, in deren Rahmen wir uns sicher fühlen können. Ganz wesentlich ist hier der Wunsch nach Angstfreiheit.

Solange wir immer wieder befürchten, ohne dieses Mindestmaß an Sicherheit dastehen zu müssen, werden wir immer wieder Zeit für das Erreichen dieser Ziele aufwenden.

Stufe 3: Soziale Bedürfnisse

Erst dann, wenn alles in geregelten Bahnen verläuft, wenn sowohl die körperlichen als auch die Sicherheitsbedürfnisse zufriedengestellt sind, entsteht der Wunsch nach sozialen Kontakten.

Nun macht sich der Mangel an Liebe, Zuneigung und Zugehörigkeit bemerkbar und möchte gern befriedigt werden. Erst jetzt tauchen die ersten Gedanken auf, eine Familie zu gründen. Wir suchen nach Freundschaften, nach wahrer Kommunikation und wollen Intimität erleben.

In dieser Stufe geht es um den Kontakt zu anderen. Wir

wollen uns anlehnen, mitteilen, streiten. Wir wollen lieben
und geliebt werden. Wir wollen uns austauschen, suchen
Anerkennung von Freunden, manchmal auch Bewunderung.
Wir wollen wichtig sein für jemanden. Und wir wollen, dass
wir ebenso wichtig für andere geliebte Menschen werden.

Wir spüren nun ganz deutlich den Mangel des Allein-
seins und suchen die Verbindung zu anderen Gleichgesinnten. Wenn der persönliche direkte Kontakt zu klein ausfällt,
stürzen wir uns auf Facebook oder suchen in anderen Inter-
netforen nach Gleichgesinnten.

Diese ersten drei Stufen werden als die Defizitbedürfnisse
bezeichnet. Wenn diese Bedürfnisse befriedigt sind, ist man
zufrieden, der Mangel in unserem Leben verschwindet.

Sobald diese wesentlichsten Ziele erfolgreich befriedigt
wurden, hat man auch keine weitere Motivation mehr, sie zu
befriedigen. Man trinkt zum Beispiel nicht mehr, wenn man
nicht mehr durstig ist. Man benötigt keine zweite Wohnung, wenn die erste wohlig warm ist. Man sucht auch nicht
länger nach einem zweiten Partner, wenn man bereits einen
Menschen an seiner Seite hat, den man liebt und dem man
vertraut. Man ist zufrieden mit seinen Freunden und der
eigenen Familie und gründet keine zweite.

Man ist zufrieden. Durchaus. Aber nicht wirklich glücklich. Das Glück findet man erst auf den beiden letzten
Stufen. Aber bevor wir dazu kommen, wäre es gut, einmal
folgenden Gedanken nachzugehen.

• Schau doch mal, auf welcher Ebene du dich gerade tum-
  melst.

- Welche der Ziele hast du auf der jeweiligen Ebene bereits erreicht?
- Mach dir mal eine kleine Liste, damit du erkennst, welche Ziele als gesichert gelten und welche Punkte davon du noch erreichen möchtest.
- Und sei dir stets bewusst: Gleichgültig, mit welchen Themen du gerade zu kämpfen hast, immer wirst du zuerst die Lösung dieses Bedürfnisses suchen, bevor du eine andere, höhere Ebene angehen kannst.

Die Stufen zum Glück

Wie bereits angekündigt, gibt es noch zwei weitere Stufen. Gelten die ersten drei Ebenen als die niederen Bedürfnisse, finden wir auf Stufe vier und fünf die sogenannten Wachstumsbedürfnisse. Diese können nie wirklich befriedigt werden. Sie benötigen immer und immer wieder neues Futter.

Ging es in den bisherigen Stufen um die Zufriedenheit, geht es bei den sogenannten höheren Bedürfnissen um unser Glück.

Die Erfüllung der Wachstumsbedürfnisse bedeutet Glück.

Stufe 4: Individualbedürfnisse

Auf dieser Stufe geht es um Anerkennung und Achtung. Wir wollen etwas gelten. Wir wollen uns auszeichnen, etwas hermachen. Wir wollen unserem Leben einen tieferen Sinn geben, wir wollen uns verwirklichen und unsere Kreativität ausleben. Aus diesem Grund können diese Bedürfnisse niemals wirklich zufriedengestellt werden.

Ein Schriftsteller zum Beispiel schreibt, weil er sich verwirklichen will, hat aber immer wieder den Drang, weiterzuschreiben, auch wenn er schon den Erfolg erzielt hat, den er sich erträumt hatte. Er muss weiterhin seine Kreativität ausleben.

Es ist das Tun, das Erleben, das uns glücklich und erfüllt sein lässt. Es ist das beständige Schöpfen und Neuformen.

Wenn wir beginnen, unseren eigenen Ausdruck zu finden,
empfinden wir uns als beseelt.

Sobald diese Quelle versiegt, fühlen wir uns müde und ausgelaugt. Gleichgültig, wie viel wir in der Vergangenheit geschaffen haben. Unwichtig, wie erfolgreich wir bisher waren oder wie viele Auszeichnungen wir erhalten haben – sobald wir nicht mehr unsere Kreativität leben dürfen, verkümmern wir und reduzieren unsere Lebensfreude. Erst durch unsere Kreativität bekommt unser Leben einen Sinn.

Sehr verwandt ist Stufe 5, sie geht aber noch einen Schritt weiter.

Stufe 5: Selbstverwirklichung, Individualität, Erleuchtung

Auf dieser Ebene finden wir wohl eines der höchsten Ziele überhaupt. Hier entstehen völlig neue eigenständige Ideen, welche die Welt verändern und weiterbringen. Hier ordnen wir uns nicht mehr den bisherigen Regeln unter, sondern überprüfen sie und stecken die Grenzen weiter. So manche gültigen Gesetze stellen sich nun als längst überholte Regeln heraus, die eine Weiterentwicklung verhindern.

Auf dieser Stufe ist man anders als die Masse. Man spürt den Gegenwind. Wenn man anders denkt als die Mehrheit der Menschen, wenn man neue Ideen entwickelt, welche die Welt weiterbringen, bekommt man gerne die Trägheit der Masse zu spüren. Man stößt auf Unverständnis, wird gerne der Lächerlichkeit preisgegeben und erfährt heftige Kritik.

Aber auf dieser Ebene bleibt man seinen Grundsätzen treu, wird nicht wankelmütig oder schwimmt aus Angst vor Ablehnung mit der Masse mit. Hier, in diesem hohen Grad der Reife und Selbsterfüllung, können wir andere Neues lehren und die Welt verändern.

Das Leben wird nicht einfacher, aber beseelter. Hier erfahren wir tiefes Glück.

Viele von uns werden wahrscheinlich bereits die erste und zweite Stufe hinter sich gebracht haben und sich irgendwo auf der dritten Stufe aufhalten. Bei uns im Westen haben wohl die meisten von uns genügend zu essen und zu trinken, eine warme Wohnung und eine gewisse Form von Sicherheit. So mancher mag jetzt vielleicht Ausschau nach einem Lebenspartner halten oder sich Kinder wünschen oder einfach jemanden, mit dem er reden kann.

Gleichzeitig fühlt sich vielleicht schon so mancher auch auf der vierten Stufe bereits recht wohl. Dennoch ist es wohl ziemlich klar, dass zunächst die Defizitbedürfnisse erfüllt sein müssen, bevor man sich beruhigt den höheren Zielen zuwenden kann. Wer hungrig ist, strebt nicht nach

Höherem. Die höheren Ebenen, haben also wesentlich mehr Vorbedingungen. Natürlich sind die Wachstumsbedürfnisse zum Überleben nicht zwingend notwenig, aber erst sie verschaffen uns ein tiefes Glücksgefühl.

»Die höheren Bedürfnisse zeichnen den Menschen erst aus«, sagt der Psychologe Abraham Maslow.

Die Beschäftigung mit den höheren Bedürfnissen führt zu größerer und wahrer Individualität.

Laut Abraham Maslow bringt uns die Beschäftigung mit den Wachstumsbedürfnissen sogar biologische Vorteile. Durch sie würden wir seltener an Krankheiten leiden, dürften uns daran erfreuen, dass wir länger leben, und hätten darüber hinaus einen besseren Schlaf und einen gesünderen Appetit.

Obwohl sich die beiden höheren Stufen subjektiv nicht so dringlich anfühlen wie die ersten drei Ebenen, führen sie dennoch zu mehr Gelassenheit, innerem Reichtum und tief erfüllendem Glück.

Wahrscheinlich können bereits viele von uns diese Erkenntnis bestätigen. Denn immer wieder mal streifen wir die oberen Stufen. Dann fühlen wir uns beseelt und anerkannt. Erfolg auf der fünften Stufe ist schlichtweg beglückend.

- Gleichgültig wie viel wir auch bereits erreicht haben, wir werden immer wieder eine gewisse Unzufriedenheit spüren, die uns antreibt, weiter voranzuschreiten.
- Gleichgültig auf welcher Stufe wir uns gerade befinden: Haben wir alle wesentlichen Bedürfnisse auf einer Ebene

befriedigt, fühlen wir eine seltsame Leere und wollen voranschreiten.

- Genaugenommen wird uns unsere Sehnsucht nach Glück und Erfüllung immer wieder auf eine höhere Stufe locken.

Und so ist es nicht erstaunlich, dass es oft geschieht, dass gerade die, die scheinbar alles haben, mich voller Begeisterung mit Fragen bombardieren, wie sie zu ihrem Glück finden können. In den größten und tollsten Villen, auf den teuersten Designersofas, höre ich ganz oft den Satz: »Sie haben es gut. Wie gerne würde ich auch etwas Kreatives tun. Ich wollte schon immer schreiben.«

Aus einer amerikanischen Umfrage geht hervor, dass auch Menschen ohne Geldsorgen unglücklich, isoliert und vereinsamt sind. So geben 61 Prozent der Befragten an, in ihrem Leben noch nicht die richtige Balance gefunden zu haben und nur ein Drittel gibt an, viele gute Freunde zu haben.

Weitere Werte einer großen Umfrage sind:

- Ich habe nie genug Zeit – 54,8 Prozent
- Ich bekomme nie genug Schlaf – 53,8 Prozent
- Ich verbringe nicht genug Zeit mit meinen Freunden – 51,5 Prozent
- Ich bin glücklich mit meinem Liebesleben – 17,8 Prozent

Daran kann man deutlich sehen, dass wir, auch wenn wir alles Materielle besitzen, noch lange nicht das Glück in Händen halten. Aus diesem Grund werden immer wieder große Umfragen gestartet, in denen immer deutlicher wird:

Unglaublich viele Menschen fühlen sich unwohl, ohne den genauen Grund dafür zu kennen. Wenn man sie eingehender fragt, was denn ihrer Meinung nach die Ursache ihres negativen Befindens sein könnte, geben die meisten nur an, dass sie einfach unzufrieden mit ihrem Leben sind, ohne zu wissen, warum. Die Weltgesundheitsorganisation WHO schätzt, dass ungefähr 100 Millionen Menschen aus den USA, Kanada und den Ländern der Europäischen Union depressiv sind.

100 Millionen Menschen! In Ländern, in denen keine wirkliche finanzielle Not herrscht.

Natürlich ging man auch dieser Frage nach und stellte in verschiedenen Studien fest, dass sich mit steigendem Einkommen zwar der psychische Zustand von jedem Einzelnen verbessert, dass dies allerdings nur bis zu einer bestimmten Grenze der Fall sei. Wie reich wir auch sind, wie gesichert unser Überleben auch erscheint, eine gewisse Unzufriedenheit bleibt und wächst sogar mit der Zeit.

Dies ist für uns nun nicht mehr weiter verwunderlich. Denn wie wir nun wissen, treten, wenn man die Bedürfnisse nach Essen, Kleidung und einem Dach über dem Kopf befriedigt hat, andere Bedürfnisse in den Vordergrund, die mit Hilfe von Geld nicht zu stillen sind. Materielle Dinge können uns also eindeutig nicht glücklich machen.

Materieller Reichtum hat nichts damit zu tun,
wie reich wir uns tatsächlich fühlen.

Was auch immer du dir zur Zeit an Zielen und Hoffnungen ausgesucht hast, auf welcher Stufe auch immer deine derzeitigen Wünsche stehen, sei dir einfach bewusst, dass dein eigentliches Ziel sein wird, deine ganz eigene Form von Selbstausdruck zu finden und damit die Welt zu bereichern.

Auch wenn du es im Moment vielleicht noch nicht spüren kannst, weil sich in deinem Leben so viele andere Sehnsüchte noch nicht erfüllt haben – in jedem von uns steckt etwas Außergewöhnliches. In jedem. Auch in dir.

- Wenn du beginnst, dir dessen bewusst zu werden, berührst du bereits die oberen Wachstumsbedürfnisse.
- Vielleicht lässt dich der Gedanke daran bereits jetzt schon schmunzeln.
- Vielleicht spürst du schon jetzt beim Lesen etwas Erhabenes.
- Gehe doch mal diesem Gefühl nach.
- Wie fühlt es sich an, wenn du Kontakt mit deinem tieferen Seelenweg machst?
- Alles ist in dir. Du musst diese Energie nur wecken.

Und mach dir keine Gedanken, wenn du dich gerade noch um ganz andere Dinge bemühen musst.

In den westlichen Gesellschaften sind wir so gestrickt, dass wir die Bedürfnisbefriedigung von unten nach oben betreiben. Wir müssen also zunächst auf den ersten drei Stufen für Ordnung und Sicherheit sorgen. Dennoch ist es schon jetzt sehr nützlich, sich bewusst zu machen, wohin deine spätere Reise gehen wird: zu tief erfüllendem Glück.

Oftmals verlaufen wir uns auf diesen ersten drei Stufen oder wir vergessen einfach weiterzugehen. Dann spüren wir eine gewisse Leere oder gar Langeweile. Das Leben macht nicht mehr wirklich Spaß. Weigern wir uns weiterzugehen, dann flüchten wir uns gerne in das Bedürfnis nach noch mehr Sicherheit und noch mehr Geld und noch mehr Liebe etc. Und dennoch kann uns auch die Befriedigung all dieser gesteigerten Bedürfnisse nicht glücklich machen. Geld macht es natürlich in mancher Hinsicht leichter, diese ersten Stufen zu durchlaufen, bis wir bei der obersten angelangt sind, wo das Geld kaum eine Rolle spielt. Wir sollten auf diesem Weg jedoch aufpassen, dass unser Streben nach Geld nicht die Oberhand gewinnt.

Glück finden wir dort, wo wir Erfüllung finden. Und Erfüllung finden wir immer nur in uns selbst.

Wir wandern von einer Ebene zur nächsten. Lass dir dabei Zeit. Überfordere dich nicht. Betrachte einfach nur, wo in deinem Leben du dich gerade befindest und welche nächsten Schritte es anzugehen gilt.

Und dann, wenn wir unseren eigenen Weg gefunden haben und es wagen, ihn erfolgreich nach außen zu tragen, werden wir zu einem wesentlichen Teil dieser Welt. Wir machen etwas aus. Wir sind eine Bereicherung. Wir haben Erfolg. Erfolg, der uns und andere berührt.

Unser Leben hat einen Sinn.

Erfolg ist ...
Erfüllung für sich und
andere zu finden.

Lebe jeden Tag so, als wäre es dein letzter

Wir werden sterben.
Wir wissen das.
Auch wenn wir versuchen, dieses Wissen
jeden Tag zu verdrängen.

Wir werden sterben.
Wir wissen nur nicht, wann und wie.
Morgen, in ein paar Jahren oder im hohen Alter.

Wir wissen auch nicht, wie uns der Tod ereilen wird.
Schnell und überraschend
oder durch eine lang dauernde Krankheit?
Werden wir Schmerzen zu erdulden haben
oder eines Morgens einfach nicht mehr aufwachen?

Und da wir dies nicht wissen,
gibt es eigentlich nur eines zu tun.
Jeden Tag so zu leben, als wäre es dein letzter.

Genieße, zeige dich verantwortlich,
bleibe voller Neugier,
erfreue dich am Augenblick.

Vor allem aber:
Lebe deine Visionen.
Lebe deinen Traum.

Schiebe es nicht auf die lange Bank.
Du weißt nicht, wie groß
das Bankkonto deiner Zeit ist.

Die Engel wollen doch auch Musik hören

Es gibt ein Erlebnis, das mich noch heute zutiefst berührt. Obwohl es bereits so lange zurückliegt, weiß ich noch jede einzelne Sekunde davon.

Michaela und ich besuchen immer wieder für eine Benefizorganisation die Krebsabteilungen verschiedener Kinderkliniken, um dort die Kinder mit lustigen Geschichten und Spielen aufzuheitern.

So war es auch in München. Es war sonnig und klar und wir machten wie immer den ganzen Tag lang einfach nur viel Spaß und Blödsinn mit den krebskranken Jungen und Mädchen. Wir lachten viel miteinander, wir spielten und waren völlig ausgelassen.

Dabei war es für mich wieder einmal erstaunlich, wie fröhlich und lebenslustig schwerkranke Kinder sein können. Sie rasten mit ihren Krücken und Rollstühlen durch die Gänge, sie kreischten und schrien, und so manches kahlköpfige Kind hatte ein Funkeln und Feuer in den Augen, die von purem Übermut zeugten.

Irgendwann am Nachmittag war ich in einem Dreibettzimmer gelandet und saß mit einem kleinen, todkranken Jungen auf seinem Bett. Man hatte mich vorher sehr ausgiebig auf ihn vorbereitet. Ich sollte achtsam und vorsichtig im Umgang mit ihm sein.

Aber alle Befangenheit verflog im Nu, denn der kleine Junge sprühte nur so vor Lebensfreude. Es war einfach wundervoll. Wir unterhielten uns voller Lebendigkeit und erzählten uns gegenseitig über unser Leben und wie es so funktionierte.

Mit einem Mal sah er mich neugierig von der Seite an und sagte: »Meine Eltern haben mir erzählt, dass du sehr, sehr erfolgreich bist. Stimmt das?«

Ich lachte. »Na ja«, meinte ich. »Das kommt darauf an.«

»Worauf kommt es an?«, wollte der kleine Kerl wissen und setzte sich auf.

»Na ja, was Erfolg überhaupt ist. Das ist doch für jeden etwas anderes.«

»Aber wie schafft man den? Den Erfolg?«

Große, hoffnungsvolle Kinderaugen sahen mich an. Sofort spürte ich, dass es dem Jungen um etwas ganz Großes ging. Etwas Essenzielles, Tiefgreifendes.

»Also?!«, wollte der Junge wissen und trieb mich an.

Ich betrachtete ihn einen Moment und fragte ihn: »Was ist denn Erfolg für dich?«

Mit einem Mal blitzten seine Augen voller Tatendrang. »Weihnachten!«, schoss es aus ihm heraus. »Weihnachten!«, strahlte er, ohne auch nur eine Sekunde zu zögern. »Ich will noch einmal Weihnachten erleben.«

»Weihnachten ist also wichtig für dich«, sagte ich.

»Na klar«, freute er sich und sein Gesicht wurde zu einem einzigen glücklichen Lächeln. »Da bekomme ich doch meinen iPod.«

Wir nickten beide in tiefem Einverständnis. Er beschrieb genau, welches Gerät er sich vorgestellt hatte, und freute sich schon jetzt, dieses Geschenk unter dem Weihnachtsbaum vorzufinden. Er würde die Kerzen am Baum ausblasen, alle anderen Päckchen öffnen, aber dieses eine bis zum Schluss aufheben.

»Und dann«, flüsterte er begeistert, als dürfte niemand sonst dieses Geheimnis erfahren, »dann setze ich meine Kopfhörer auf und höre nur noch Musik.«

Als ich nach einer Stunde den Raum verließ, winkte er mir zum Abschied und gestikulierte mit den Händen, als würde er sich einen imaginären Kopfhörer aufsetzen. Dann sah ich noch sein breites glückliches Grinsen, das er aufsetzen wollte, wenn er seinen iPod einschalten würde. Glück, pures Glück erwartete ihn.

Er hat es nicht mehr erlebt. Er hat es nicht mehr bis Weihnachten geschafft. Sein größter Erfolg ist ihm verwehrt geblieben.

Den iPod hat er dennoch bekommen. Drei Wochen vorher, als den Eltern klar war, dass ihrem Kind nicht mehr genügend Zeit verblieb.

Nur Weihnachten ... Weihnachten hat er nicht mehr erleben dürfen.

Was also ist Erfolg eigentlich?

Für den kleinen Jungen wäre Weihnachten der größte Erfolg gewesen. Für die Eltern war jeder Tag, den sie noch mit ihm verbringen konnten, ein wundervoller Erfolg.

Vier Monate, hatten die Ärzte gesagt. Es wurden fünf. Bis zum Weihnachtsabend wären es sechs gewesen.

»Die Engel wollen doch auch Musik hören.« Diese Worte sind mir noch heute im Ohr. Der Junge wusste schon damals, dass er den iPod mitnehmen wollte. Auf die Reise, wie er es nannte.

Er wurde acht Jahre alt.

Ich habe leider nie erfahren, welche Musik jetzt die Engel zu hören bekommen. Dafür hatte der Junge eine ganz andere Lehre für mich. Eine sehr wesentliche.

Nimm nichts mehr im Leben für selbstverständlich.

Alles ist ein Geschenk.

Die Zeit, die uns noch gegeben ist.

Die Liebe, die man uns entgegenbringt.

Gespräche, die uns berühren.

Die Anerkennung, die uns geschenkt wird.

Ein Lächeln, das uns schmunzeln lässt.

Sonnenstrahlen, die in der Nase kitzeln.

Aufwachen neben dem Menschen, den man liebt.

Fragen eines Kindes, die im Bauch kitzeln.

Eine laue Sommernacht.

Auf der Bühne stehen zu dürfen.

Dem Schnurren unserer Katzen zu lauschen.

Sich wieder zu versöhnen.

Ein Buch zu schreiben. Ein Buch wie dieses.

Wenn wir das annehmen können, was uns vergönnt ist, sind wir nicht nur erfolgreich, sondern erfolgreich glücklich.

Erfolg ist ...
immer etwas sehr Persönliches.

Das Leben ist viel zu kurz,
um eines Morgens mit einem Bedauern aufzuwachen.

Deswegen liebe die Menschen um dich herum,
die dir guttun.

Und vergiss all jene, die nicht so sind.

Sei dir bewusst, dass alles
aus einem ganz bestimmten Grund geschieht.
Und dieser Grund liegt in dir.

Wenn du eine Chance erhältst, ergreife sie.

Und wenn die Chance dein Leben verändert,
dann lass es zu!

Niemand hat uns versprochen, dass es einfach wird.

Aber man hat uns gesagt, dass es das wert ist.

Auch ich hatte einen Lehrmeister in meinem Leben.

Meine Tochter Julia.

Wer so viel über das Leben erfahren darf,
kann sich glücklich schätzen.

Der Autor

Der Bestsellerautor Pierre Franckh gehört mit einer Gesamtauflage von über 2 Millionen Büchern zu den erfolgreichsten deutschen Autoren. Seine mittlerweile über 60 Titel sind in 21 Ländern erschienen. Pierre Franckh hält Vorträge auf der ganzen Welt und gibt Seminare vor ausverkauften Häusern. Als Coach und Mentaltrainer ist er in der Wirtschaft tätig, ebenso für viele Ärzte, Diplom-Psychologen, Kinesiologen und Heilpraktiker. Nach seinen Regeln und Anweisungen haben unzählige Menschen ihr Leben positiv verändert.

Schon mit sechs Jahren stand Pierre Franckh auf der Bühne und mit elf Jahren gab er sein Filmdebüt in »Lausbubengeschichten«. Seit 1958 wirkte er in vielen Kinofilmen mit, stand unzählige Male auf der Bühne und nahm an über 350 Fernsehproduktionen teil.

Er schenkte bei mehr als 2000 Filmen seine Synchronstimme ausländischen Schauspielern und war in mehr als 450 Hörspielen zu hören.

Seit 1996 widmet er sich hauptsächlich seiner Autorentätigkeit und schreibt Theaterstücke und Drehbücher.

Im Jahr 2002 gab er sein Debüt als Autor und Regisseur in dem Kinofilm »Und das ist erst der Anfang«.

Im September 2004 erschien sein Buch »Glücksregeln für die Liebe« im Koha-Verlag und kam auf Anhieb auf die Bestsellerliste der Zeitschrift Stern. Das Buch »Erfolgreich wünschen« erntete in kürzester Zeit viel Resonanz in Deutschland und sollte in achtzehn weiteren Ländern erscheinen.

»Der tiefere Sinn beim Schreiben besteht für mich darin, anderen Menschen den Weg zu ihrem inneren Reichtum zu zeigen und der Sehnsucht nach dem Sinn des Lebens Lösungsmöglichkeiten anzubieten.«

Pierre Franckh ist seit vielen Jahren mit der Bestsellerautorin Michaela Merten verheiratet. Das Paar hat eine gemeinsame Tochter, Julia, die auch schon mit ihrem Papa ein Buch verfasst hat.

Pierre Franckh berät Einzelpersonen, hält Vorträge und leitet Seminare. Kontakt und weitere Informationen findest du unter:

www.pierre-franckh.de

Pierre Franckh gibt
Wochenendseminare

- Was torpediert meine bewussten Wünsche, und wie kann ich das ändern?
- Wie werde ich meine Zweifel los?
- Wie spüre ich all meine Glaubensmuster auf?
- Wie räume ich den inneren Weg frei, um Erfolg zu haben?
- Wie schaffe ich es, meine Sehnsüchte zu verwirklichen?
- Wie kann ich mein Leben so gestalten, dass es für mich wundervoll wird?
- Wie schaffe ich es, in meinem Leben glücklich zu sein?
- Wie verwirkliche ich meine Ziele in Beruf und Partnerschaft?

Das Eingehen auf persönliche Fragen und Anliegen während des Seminars gibt einen tieferen Einblick in die eigenen Verhaltensweisen und zeigt Möglichkeiten auf, wie man aus dem Kreislauf der einengenden Muster aussteigt und neue Lebensqualität gewinnt.

Wenn wir einmal die mentale Kraft und damit die persönliche Macht gespürt haben, Dinge in unserem Leben nach unserem Willen zu verändern, erhalten wir nicht nur unser Selbstwertgefühl zurück, sondern auch das Gefühl, eine ausgeglichene Person zu sein. Beginnen wir, unsere

Sehnsüchte und Ziele erfolgreich umzusetzen, dann fühlen wir uns glücklich. Wir fühlen uns als aktiven Teil der Welt, die wir nach unseren Wünschen gestalten. Wir gehen heraus aus der ohnmächtigen Abhängigkeit von anderen und hinein in die eigenständige Unabhängigkeit.

Sobald man einmal das Prinzip der mentalen Kraft nicht nur verstanden hat, sondern auch tatsächlich erfahren hat, *wie* es funktioniert, wird sich das ganze Lebensgefüge ändern.

Wunder geschehen jeden Tag. Warum nicht auch bei dir?

Alle Termine findest du auf der Website von Pierre Franckh:

www.pierre-franckh.de

Möchtest du gerne mehr Informationen, dann bestell doch auf der Website einfach den kostenlosen Newsletter von Pierre Franckh.

Coach-Ausbildung

Die *Erfolgreich wünschen*-Coach-Ausbildung mit Pierre Franckh richtet sich an alle, die als Coach arbeiten möchten bzw. beabsichtigen, dieses Training in ihr bisheriges Beratungsangebot zu integrieren.

Coaching ist ebenso spannend wie herausfordernd. Man kann Menschen in ihrer beruflichen und persönlichen Entwicklung unterstützen und zugleich an deren Veränderungen teilhaben.

In der Coach-Ausbildung und in der späteren Arbeit wirst du dich verändern und entwickeln. Nur wer selbst einen Coaching-Prozess durchlaufen und sich dabei weiterentwickelt hat, kann erfolgreich coachen. Mit dieser umfassenden Ausbildung erhältst du genau das Rüstzeug, um andere Menschen umfassend zu unterstützen.

Ausbildungstermine: jeweils 5 Intensivseminare
Ausbildungsdauer: 1 Jahr
Nähere Informationen: www.pierre-franckh.de

Tag für Tag mehr Lebensfreude

Kartenset, ISBN 978-3-422-33839-9

Das Leben ist so bunt, vielfältig und wunderbar. Doch in der Routine des Alltagslebens gerät man allzu leicht in einen eintönigen Trott, so dass man all die schönen Seiten vergisst. Pierre Franckh bietet mit seinem Kartenset eine handliche Anregung, sich jeden Tag Glück, Erfüllung, neue Erlebnisse und Freude ins Leben zu holen.